青少年犯罪预防知识读本

陈玉新 / 编著

应急管理出版社
·北 京·

图书在版编目（CIP）数据

青少年犯罪预防知识读本/陈玉新编著. --北京：应急管理出版社，2020（2024.3 重印）

ISBN 978-7-5020-8213-0

Ⅰ.①青… Ⅱ.①陈… Ⅲ.①青少年犯罪—预防犯罪—中国 Ⅳ.①D669.5

中国版本图书馆 CIP 数据核字(2020)第 129289 号

青少年犯罪预防知识读本

编　　著　陈玉新
责任编辑　高红勤
封面设计　何洁薇

出版发行　应急管理出版社（北京市朝阳区芍药居 35 号　100029）
电　　话　010-84657898（总编室）　010-84657880（读者服务部）
网　　址　www.cciph.com.cn
印　　刷　艺通印刷（天津）有限公司
经　　销　全国新华书店

开　　本　710mm×1000mm 1/16　印张　8　字数　118 千字
版　　次　2020 年 9 月第 1 版　2024 年 3 月第 4 次印刷
社内编号　20200458　定价　28.00 元

前　言

同学们，当你们在书本上看到“少年时代”这个词的时候，你们首先想到的是什么呢？是老师父母说不完的教诲？是快乐的暑假寒假？是朋友们相亲相爱？还是数不尽的动漫游戏？无论怎么样，你们心中的少年时代都是与快乐生活相伴的，但你们不知道的是，少年时代也有并不快乐的一面，而这一面，正是老师和家长们极力帮你们阻挡、避免你们接触到的一面。

也许，你也曾经被一些暴力游戏所吸引；也许，你也曾经看过一些古惑仔、黑社会的电影；也许，你也曾经有过把别人的东西据为己有的小念头；这时，如果你再往前一步，你可能就要触碰到那不应该属于你的一面了，那就是青少年犯罪。

当前犯罪问题的一个重要特点是趋向低龄化，出现了青少年犯罪增多的情况，我们从电视和网络上总能看到这样的新闻：“广西 ×× 县五名初中同学殴打一名低年级同学”“河南 ×× 市一个小学生向同学贷款收高利贷”。类似新闻，让我们知道青少年犯罪其实离我们并不遥远。所以，对于青少年来说，如何预防犯罪就成了保障我们青少年幸福生活的一件重要事情了。

预防青少年犯罪，我们要做的首先是了解什么是犯罪。在我们日常生活中，有些犯罪行为是显而易见的，例如校园欺凌、盗窃、抢劫等。但也有些犯罪行为是我们并未意识到的，有的时候，我们只是把它当作一个玩笑、一件小事，如从楼顶扔下几个瓶子，或者用弹弓打鸟等。但这些看似不起眼的小事其实也是犯罪，当我们做了这些事之后，一样会受到法律的惩罚。

除了了解犯罪行为，青少年也要学会远离犯罪的诱因。有的时候，我们并不想犯罪，但走入了容易诱导我们犯罪的环境，我们也就跟着学坏了。所以，青少年要远离犯罪环境，如网吧、色情网络、暴力电影等。

还有，对于青少年来说，拥有健康的心理也是很重要的。有些青少年之所以走上犯罪道路，完全是因为心智不成熟。所以，青少年要认识到自己有哪些心理状态是要不得的，要自发地从心理上远离犯罪。

正因如此，本书以青少年犯罪的一些常见案例为素材，加上大量的法律法规做参考，分别从有意识犯罪（明知是犯罪却依然去做）、无意识犯罪（不知道或不认为自己的行为是在犯罪）、客观上远离犯罪的诱因和主观上克制自己等四个方面入手，详细介绍了青少年犯罪的起因及后果，以此警示广大读者，要有安全意识，正视法律的权威，注意防范犯罪行为的发生。

犯罪，这两个字无论如何是不应该和青少年扯上关系的，所以，为了让青少年拥有健康快乐的美好时光，我们一定要认真阅读本书的内容，做到了解犯罪行为，远离犯罪诱因，告别犯罪心理，从源头上把犯罪从青少年的生活中驱除。

编者

2020 年 6 月

目 录

第一章 虽然年纪小，但犯错就要受到惩罚

第二章 别看事情小，这些也是犯罪

第三章 及时止步，远离这些“不归路”

第四章 当罪恶的魔爪在身边，我该怎么办?

第一章

虽然年纪小，但犯错就要受到惩罚

非法占有——天上掉的“馅饼”

情景再现

放学后，莎莎和小静到公园去玩，她们玩累了之后就去公园的长椅上休息。走在前面的莎莎发现长椅上面有一个很大的钱包，她抢先跑过去把钱包拿到了手里。钱包鼓鼓囊囊的，有些重量。莎莎拉开拉链一看，瞬间惊呆了，里面不仅有很多现金，还有几张信用卡和一部手机。

小静看到后说：“这么多东西，失主肯定很着急，我们应该尽快把钱包归还。里面有一张工商银行的卡，这个公园附近就有一个工商银行，我们赶快拿着卡请银行的工作人员帮忙找一下失主的信息，然后打电话还给人家，或者报警。”

莎莎听后不以为然，心里想小静肯定是嫉妒自己捡了这么多钱才这么说的。于是她说道：“今天有点晚了，明天正好是周末，我自己处理吧。”小静没有多想，只是一再叮嘱莎莎一定要及时处理。

第二天，莎莎却拿着钱包去逛街了。有一双名牌鞋子，她早就想买了，可是因为太贵一直没能如愿，这次可不一样了，她有了足够的钱。莎莎走进鞋店，让店员把那双她试了好几次的鞋子装起来，随即拿出钱包里的现金付了账。

下午，小静来找莎莎玩，问她钱包还了没有。莎莎一时心虚，说话支支吾吾的，小静感觉到不对劲儿，追问之下，才得知实情。听完莎莎的叙述，小静又气又急：“莎莎你怎么这么傻啊，这样是违法的！”

“我就是捡个钱包，怎么就违法了？”见莎莎不解，小静只好给莎莎细说了一番。

“我，我知道错了，可是钱已经花了……”莎莎小声嘟哝着，知道了事情的严重性。

“我们现在赶紧去银行，联系失主，然后把钱包还给人家。”小静拉住莎莎向外跑去。

之后，在银行工作人员的帮助下，她们很快等到了失主，对方看是初中生，主动归还了钱包，承认了错误，还愿意偿还，就没有过多追究。

小检察官说法

事例中莎莎虽然是一时糊涂，但其行为也的的确确触犯了法律，不过好在及时认识到了错误，并且改正弥补，获得失主的原谅，才没有造成严重后果。莎莎的这一行为涉嫌法律条文中的侵占罪，下面让小检察官来细细讲解。

“我在马路边捡到一分钱，把它交到警察叔叔手里边……”这首童谣相信同学们都不陌生，传达的是我们中华民族的传统美德——拾金不昧。生活中，我们也可能会捡到他人遗失、遗留的财物，正确的做法是及时归还或者报警，而不能因一时贪念放进自己的口袋，这不仅是对美德的传承，也是对违法犯罪的抵御。同学们，千万不要把“拿走人丢失或者遗忘的东西”当作理所当然或天上掉馅饼，要知道这也是一种在犯罪边缘徘徊的不良行为。

law

《刑法》第二百七十条规定：将代为保管的他人财物非法占为己有，数额较大，拒不退还的，处二年以下有期徒刑、拘役或者罚金；数额巨大或者有其他严重情节的，处二年以上五年以下有期徒刑，并处罚金。

将他人的遗忘物或者埋藏物非法占为己有，数额较大，拒不交出的，依照前款的规定处罚。

所谓代为保管指的是通过他人的委托或者依照约定、契约收藏、管理的他人财物；所谓遗忘物，指的是出于当事人的本意，本要带走却因遗忘没有带走的财物。

还有一点需要明确，即遗忘物与遗失物的区别。遗忘物多指暂时遗忘的财物，丢失的时间较短，丢失者一般能够很快想起来丢失的时间和地点，并到可能的地点前去寻找，捡到者一般也会知道丢失者是谁。而遗失物则指的是丢失时间较长，丢失者一般不知道丢失的时间和地点，捡到者一般也不知道丢失者是谁，很难找到丢失者。

此外，根据遗忘的地点不同，捡到者捡到财物拒不退还所涉及的罪名也有所不同，如上文在公园等公共场所捡拾他人遗忘物不主动上交或归还则涉嫌非法占有罪，若在网吧、咖啡厅等私人场所则构成盗窃罪。

按照法律规定，莎莎偶然捡到的钱包属于他人遗忘物，且地点是在公园，所以涉嫌非法侵占，但由于使用金额不大，且及时道歉并归还赔偿，没有达到“犯罪”的程度。事例中莎莎违法的根本原因就是缺少法律知识，缺少法制观念，这是当下未成年人普遍存在的问题之一，以至于很多时候都不知不觉与法律规定打了擦边球。但是莎莎及时认识到错误、停止错误行为的做法还是值得我们学习的。

知心信箱

同学们千万不要觉得法律离我们的生活很远，生活中很多不起眼的小事都有可能触及法律规定。一些人在捡到东西尤其是钱财或贵重物品时，就会产生“天上掉馅饼”的感觉，以为这样既没有犯法又获得了意外之财，殊不知这很有可能已经在犯罪的边缘，同学们可一定要注意。

不要贪图小便宜，捡到的东西及时上交，不喝酒，不打架，不去网吧，不小偷小摸，别人的东西再好也不要占有，预防犯罪从规范自身行为做起。

平常一定要注意多了解法律知识尤其是和未成年人相关的法律知识，

一方面能更好地保护自己的合法权益，另一方面也能预防犯罪行为的发生。

当我们不小心触及法律的警戒线时，一定要及时悔改，认真听取并接受法制人员对自己的教育，并反思自己的行为，好好把握法律所给予的改正机会。

校园欺凌——花季少女深陷犯罪旋涡

情景再现

2017年11月2日，北京市西城区人民法院宣判了一起校园欺凌案件，五名未满十八周岁的被告人分别被判处有期徒刑。

小朱、小赵、小高、小李、小霍和明明、慧慧（以上姓名均为化名）都是北京市西城区某学校的学生，小朱和小赵等四名女生向来要好，行事乖张。

2017年2月28日，小朱伙同四名女生在女生宿舍楼内对明明和慧慧两名女生进行辱骂殴打，其间还扒光了其中一名女生的衣服予以羞辱，并拍摄视频在微信朋友圈内小范围流传。据悉，两名被打女学生与五名施暴者之间并无恩怨纠纷，经鉴定两名被害人均构成轻微伤，其中一名被害人精神抑郁，很长一段时间内无法正常生活、学习。

两名被害人的家长将五名施暴者起诉至法院。法院认为，被告人朱某伙同另外四名被告人无故随意殴打他人，造成二人轻微伤，辱骂他人情节恶劣，侵犯了公民的人身权利，严重影响公民的正常生活，

破坏了社会秩序，已构成寻衅滋事罪，且系共同犯罪，依法应予惩处。鉴于五名被告人实施犯罪时均未满十八周岁，在被羁押后均能如实供述自己的罪行，并考虑到五名被告人的父母积极赔偿被害人的经济损失，且取得了被害人的谅解，依法对五名被告人从轻处罚。最终，法院依法判决被告人朱某犯寻衅滋事罪，判处有期徒刑一年。被告人赵某、李某、霍某、高某犯寻衅滋事罪，分别判处有期徒刑十一个月。

小检察官说法

寻衅滋事罪的主体为一般主体，凡已满十六周岁具有刑事责任能力的自然人均能成为本罪的主体。寻衅滋事罪和故意伤害罪虽然有重合之处，但也有着本质的区别。最主要的一点就是故意伤害罪一般是针对特定的对象实施的不法行为，并对特定人造成了身体上的伤害且年满十四周岁就要承担故意伤害罪的刑事责任。而寻衅滋事罪侵害的对象不特定，有一定的不确定性和随机性，犯罪分子往往是为了寻求精神上的刺激满足自己非正常的心理。下面请同学们再跟随小检察官进行深入了解。

《最高人民法院关于审理未成年人刑事案件具体应用法律若干问题的解释》第八条规定：已满十六周岁不满十八周岁的人出于以大欺小、以强凌弱或者寻求精神刺激，随意殴打其他未成年人、多次对其他未成年人强拿硬要或者任意损毁公私财物，扰乱学校及其他公共场所秩序，情节严重的，以寻衅滋事罪定罪处罚。

《治安管理处罚法》第二十六条规定：有下列行为之一的，处五日以上十日以下的拘留，可以并处五百元以下罚款；情节较重的，处十日以上十五日以下拘留，可以并处一千元以下罚款：（一）结伙斗殴的；（二）追逐、拦截他人的；（三）强拿硬要或者任意损毁、占用公私财物的；（四）其他寻衅滋事行为。

《刑法》第二百九十三条关于寻衅滋事罪的规定

有下列寻衅滋事行为之一，破坏社会秩序的，处五年以下有期徒刑、拘役或者管制：（一）随意殴打他人，情节恶劣的；（二）追逐、拦截、辱骂、恐吓他人，情节恶劣的；（三）强拿硬要或者任意损毁、占用公私财物，情节严重的；（四）在公共场所起哄闹事，造成公共场所秩序严重混乱的。纠集他人多次实施前款行为，严重破坏社会秩序的，处五年以上十年以下有期徒刑，可以并处罚金。

案例中小朱等五人与两名受害者之间并没有矛盾冲突，只是因为小朱心情不爽就无故对两人肆意打骂和侮辱，这不属于青少年之间偶发的冲突事件，符合寻衅滋事的判定条件。不过法院在判定时考虑了各方面因素，还是对五个施暴者从轻处罚，这体现了法律对未成年人的关怀和照顾，但该受到的惩罚也是不会免除的。所谓从轻、轻罚，也要根据被告人的表现以及征求原告人的意见，在法律规定的范围内适当减轻刑罚。

知心信箱

近几年来，校园暴力事件层出不穷，对未成年人成长造成了极为负面的影响，不管是受害者还是施暴者，都受到了伤害。

同学们，我们每个人都不应该卷入校园暴力事件中，既不能轻易受到暴力伤害，更不能做伤害他人的施暴者，时刻牢记，自己会对自己所做的一切过激行为付出代价。

大多数同学参与校园暴力的原因，一是不懂法，没有意识到自己的行为是违法的；二是喜欢耍威风，喜欢用暴力解决问题，享受欺负别人的快感。这不仅是不正确的行为，更是病态的心理。

同学们，学校是我们的第二个家，同学和老师是我们的家人。遇到问题、烦心事，要以沟通为主，同学之间调节不了时，请老师出面，千万不要使用暴力解决，如此不仅会伤害别人，也会让自己受到损失，轻则道歉赔偿，重则被法律严惩，与高墙铁窗为伴。

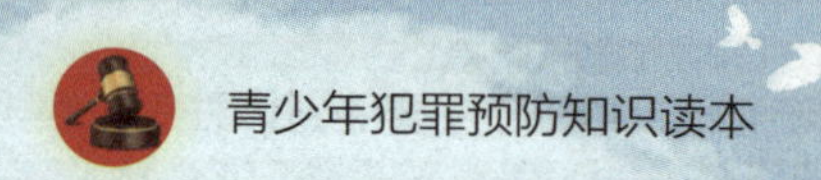

盗窃——结伙做贼的江湖少年

情景再现

宜宾县公安局专案组曾破获一起团伙盗窃案，该团伙不到一个月的时间内，疯狂撬车百余辆，造成直接经济损失数万元。

令人惊讶的是，这个团伙的平均年龄在二十周岁，但主要犯罪人居然是一个刚满十三岁的孩子——小易。

小易就是人们眼中的“问题少年”，上学时成绩不理想，经常逃课，因一次偶然的机会，认识了几位“混迹江湖”的大哥，后来干脆不再去学校，整天与那些社会青年混在一起。由于没有经济来源，他们就靠着盗窃财物吃喝玩乐。

实际上，在社会上混的几年里，小易过得并不潇洒，他身上被捅过三刀，还有数不清的被烟头烫伤的痕迹，这是“大哥们”逼迫他的手段。每次作案，他们都躲在暗处，指挥小易去偷，而小易也被警察抓到过数十次。

最终，小易虽然因未满十六周岁而没有被处以刑罚，但被关进了政府收养所，无异于坐牢，如今的他也时常困惑：我想回归正常生活，该怎么办？

小检察官说法

事例中仅仅十三岁的小易，却是警察局的常客、偷盗的“老油条”，本是该在学校里享受美好青春、学习奋进的年纪，却因犯罪失去了自由，实在可悲可叹。

《刑法》第二百六十四条规定：盗窃公私财物，数额较大的，或者多次盗窃、入户盗窃、携带凶器盗窃、扒窃的，处三年以下有期徒刑、拘役或者管制……

《刑法》第十七条规定：已满十四周岁不满十八周岁的人犯罪，应当从轻或者减轻处罚。因不满十六周岁不予刑事处罚的，责令他的家长或者监护人加以管教；在必要的时候，也可以由政府收容教养。

盗窃罪在未成年犯罪中占有绝对的比例。就犯罪主体而言，中小学生和没有上学（辍学、务工）的未成年人都有涉及。未成年人没有稳定的收入来源，需要家庭资助，有的即使参加工作也难以满足日常开支，而在这时如果一味玩乐、受到物质诱惑或者被人蛊惑、威胁，比如上网、渴望名牌等，想要在短时间内满足自身的需求，就会导致盗窃。

上述案例中，根据法律规定，小易未满十六岁，尚不够承担盗窃罪刑事责任的年龄。但他虽然没有被判刑，所面临的后果仍旧是十分严重的，不仅失去了受教育的机会和人身自由，更要忍受精神方面的折磨，不能够回归正常的生活，不被社会所容纳，家人也要因此受到牵连，即使能够重新获得自由，犯罪带来的不良影响也是终身的。

知心信箱

从表面来看，小易犯罪的直接原因是结识了不良社会青年，受到了他们的胁迫。但实际上，根本原因还是在于小易没有认真履行自己作为学生的义务，没有珍惜接受教育的机会，缺乏法制观念，在受到威胁和诱惑时不能够正确处理，被逮捕教育后仍旧我行我素，意识不到自身行为的危害性。

青少年正处于一个特殊又关键的时期，渴望接受新鲜事物但又容易受到诱惑，容易产生虚荣心和不劳而获的想法，同时自尊心强，不能明辨是非，缺乏法律知识，再加上家庭教育的不合理或者鞭长莫及，沉迷上网、交友不慎、盲目攀比等情况时有发生，而这些都是导致违法犯罪尤其是偷盗抢劫的原因。

预防青少年盗窃犯罪，除了家庭教育和学校教育，未成年人更应该从自身做起。

首先，作为未成年人就要好好把握接受教育的机会，身为学生，就要做到遵纪守法，好好学习。

其次，要树立正确的消费观，理解父母的难处，购买符合家庭条件的物品，不虚荣，不攀比，充实的内心远比物质享受更重要。

最后，要远离网吧、歌舞厅、游戏厅、录像厅等场所，不结交社会青年，多学习法律知识，增强法律意识，遇到危险情况能够灵活应对，使用法律武器维护自己的合法权益，犯错及时改正。

虽然我国法律对于未成年人有一定的宽松和优待，但这并不是纵容，并不意味着年龄小犯罪就不会受到惩罚。青少年要牢记，犯罪百害无一利，害人害己。

抢劫——屡教不改的抢劫犯

情景再现

阿华今年十六周岁，父母均为普通工人，家庭不是很富裕，但阿华却有着强烈的攀比心。说巧不巧，跟阿华关系好的几个哥们儿，都是家境优渥，因此每当他们拿出自己新买的名牌时，阿华就觉得十分自卑，还很眼红。

有一天，阿华的一个哥们儿把自己新买的轮滑鞋带到了学校，引得一众人围观，这让很是喜欢轮滑的阿华羡慕不已。放学后，阿华独自走在路上，想着今天那双轮滑鞋，那可是自己一直想要的，但是如果跟爸爸妈妈要钱，他们肯定不会给。正当阿华郁闷之际，他的面前出现了一个小小身影，对方是个比阿华年纪小的学生。阿华看四周没人，心里一横就上前去，夺过那个学生的书包。没费多大力气，阿华就从书包里翻出二十块钱扬长而去，临走前还警告那个学生不准告诉别人，否则有他好看。

仅仅二十块钱还差得远，于是阿华从家里带了把水果刀，放学后就守在那个偏僻的小路上，几天下来他共抢劫了五名学生，不仅凑够了买轮滑鞋的钱，还“意外”获得了一部价值一千多元的手机。

然而，正当阿华兴致勃勃地在商场买鞋时，一双冰冷的手铐铐住了他的手腕。

一年前阿华就曾因抢钱上网而被处以警告和罚款，责令其父母严加管教。因此，最终阿华因屡教不改，依照法律规定被从重处罚，判处有期徒刑一年，并处罚金人民币一千元。

小检察官说法

阿华因虚荣心作祟，再次违反了法律规定，这样的行为不仅带给他人恶劣的影响，也使得自己身陷囹圄。下面请同学们一起来学习有关“抢劫、抢夺”的法律规定。

《民法通则》第七十五条规定：公民的合法财产受法律保护，禁止任何组织或者个人侵占、哄抢、破坏或者非法查封、扣押、冻结、没收。

《治安管理处罚条例》第二十三条规定：有下列侵犯公私财物行为之一，尚不够刑事处罚的，处十五日以下拘留或者警告，可以单处或者并处两百元以下罚款：（一）偷窃、骗取、抢夺少量公私财物的；（二）哄抢国家、集体、个人财物的；（三）敲诈勒索公私财物的；（四）故意损坏公私财物的。

《治安管理处罚法》第二十六条规定：强拿硬要或者任意损毁、占用公私财物的，处五日以上十日以下拘留，可以并处五百元以下罚款；情节较重的，处十日以上十五日以下拘留，可以并处一千元以下罚款。

《刑法》第二百六十三条规定：以暴力、胁迫或者其他方法抢劫公私财物的，处三年以上十年以下有期徒刑，并处罚金；有下列情形之一的，处十年以上有期徒刑、无期徒刑或者死刑，并处罚金或者没收财产：（一）入户抢劫的；（二）在公共交通工具上抢劫的；（三）抢劫银行或者其他金融机构的；（四）多次抢劫或者抢劫数额巨大的；（五）抢劫致人重伤、死亡的；（六）冒充军警人员抢劫的；（七）持枪抢劫的；（八）抢劫军用物资或者抢险、救灾、救济物资的。

第二百六十七条规定：携带凶器抢夺的，依照本法第二百六十三条的规定定罪处罚。

第二百六十九条规定：犯盗窃、诈骗、抢夺罪，为窝藏赃物、抗拒抓捕或者毁灭罪证而当场使用暴力或者以暴力相威胁的，依照本法第二百六十三条的规定定罪处罚。

阿华初犯罪时，考虑到他未满十六周岁，情节尚不恶劣，本着教育、感化和挽救的方针，只是给了他警告和罚款处罚，但谁知阿华屡教不改，再次犯错，且情节更加恶劣。法律对待未成年人是宽容的，但绝不会纵容犯罪，姑息养奸。很多时候，同学们可能会因为冲动或者因为不懂法而犯了并不严重的错误，被从轻处罚，这是法律给未成年人特殊照顾，希望犯错的你能够改过自新，但这绝不是在纵容犯罪，若不能反思自己，改正错误，等待自己的将是冰冷的监狱。

再有一点，对于他人的个人财产、公共财产（交通设施、路灯、井盖、公用锻炼器材等），不仅不能够强行抢夺、偷窃，也不能恶意损坏，比如用石头打碎路灯、砸破他人车窗等，情节严重的会以“损毁财物罪”

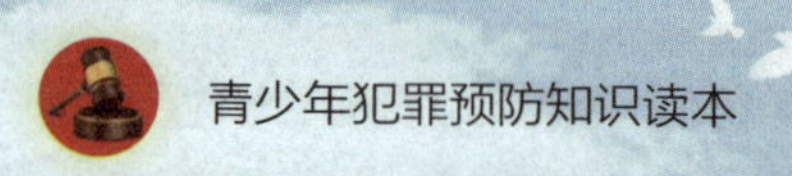

被处以刑罚。

知心信箱

同学们，虚荣心是人们为了取得荣誉和引起普遍的注意而表现出来的一种不正常的社会情感和心理状态，是被扭曲的自尊心。当下，很多未成年人都存在攀比心理，觉得穿的不是名牌、用的不是名牌就没面子，就比别人低一等。实际上，真正的富有和高贵是内心的豁达和知识的丰富，精神上的富有比物质上的要有用得多，有意义得多。我们要根据自己的家庭情况来选择自己的所穿所用，不要盲目攀比，不要有不切实际的幻想。

每个人都有自己想得到但却不能立刻得到的东西，我们要通过适当的方法去获得。当我们有想要且在家庭经济条件承受范围内的东西时，可以同父母商量，或者自己节省零花钱等。像例子中的阿华那样，采用违法的方式去获得，既对他人有害也对自己无利，这是非常不理智的行为，同学们可千万不能效仿。

法律是无情的，对一切违法行为都会处罚到底。

暴力斗殴——争抢游戏机引起的聚众斗殴

情景再现

大强是某学校初三年级的学生，喜欢结交朋友，又因为讲义气，所以有不少“好兄弟”。一天放学后，大强来到了他经常去的游戏厅，却发现自己经常玩的那台游戏机被别人占用了。

在别的游戏机上玩了两把之后，大强感觉不习惯，于是走过去拍了一下那人肩膀：“哥们儿，你换个机子呗，这是我常用的。”“搞笑，这又不是你家开的，你常用的就是你的了？”那人根本没有把大强放在眼里，头也不回地说道。他占用了自己的位置大强本就不爽，好言好语跟他说又被挤对，心里的怒火“噌”就上来了：“小子，我本不想跟你一般见识，看你那狂妄的样子，你是哪个学校的？你知道我是谁吗？”“本大爷行不改名坐不改姓，赵亮是也，不服来战。”那人更加嚣张了。大强也不甘示弱，两人互骂了一通，最后约定第二天放学后到大强学校后的空地上一决高下。

第二天一放学，大强就带着自己十来个兄弟气势汹汹地来到了约定场所，不一会儿赵亮也带了一群人过来，双方一碰面就陷入了混战。有几个路过的同学看到后，赶忙报了警。后来，警察赶到制止了这场混战，才没有造成更严重的后果，但双方人员均有受伤。

最终，带头组织这场混战的大强和赵亮均被以“聚众斗殴罪”处以刑事处罚，其他人则受到了校纪处罚。

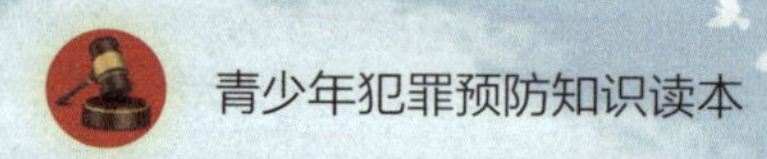

小检察官说法

聚众斗殴是一种严重的违法行为。本案是一起因为聊天而引发的口角，却最终酿成用武力决斗的方式来一决雌雄的恶性暴力案件。聚众斗殴罪是指为了报复他人、争霸一方或者其他不正当目的，纠集众人成帮结伙地互相进行殴斗、破坏公共秩序的行为。案例中的大强、赵亮为什么会被以“聚众斗殴罪”判处呢？请同学们跟着小检察官来学习其中的法律知识。

《治安管理处罚条例》第十九条规定，有“结伙斗殴、寻衅滋事、侮辱妇女或者进行其他流氓活动的”等扰乱公共秩序行为的，若尚不够刑事处罚的，处十五日以下拘留、两百元以下罚款或者警告。

《刑法》二百九十二条规定：聚众斗殴的，对首要分子和其他积极参加的，处三年以下有期徒刑、拘役或者管制；有下列情形之一的，对首要分子和其他积极参加的，处三年以上十年以下有期徒刑：（一）多次聚众斗殴的；（二）聚众斗殴人数多，规模大，社会影响恶劣的；（三）在公共场所或者交通要道聚众斗殴，造成社会秩序严重混乱的；（四）持械聚众斗殴的。

最高院关于聚众斗殴罪的司法解释给出了三年以下有期徒刑、拘役或者管制法定基准刑参照点：

聚众斗殴一次，参与人数少、无人员轻伤、社会影响较小的，首要分子为有期徒刑一年，积极参加者为拘役或者管制刑；聚众斗殴次数每增加一次，刑期增加六个月；轻伤每增加一人，根据损伤程度，刑期增加六个月至一年；轻微伤每增加一人，刑期增加二个月。有较大社会影响的，刑期增加六个月或者刑种升格。

案件中的首要分子大强和赵亮都已年满十六周岁，应当承担刑事责任。案例中涉及的都是朝气蓬勃、风华正茂的年轻人，但却年轻气盛，碰到冲突和矛盾时，视法律于不顾，以暴制暴。他们错误地认为武力可以解决一切问题，视“暴力”为“勇敢”，可见他们心智的不成熟。

未成年

同学们的年龄尚小，缺乏生活经验，且不能很好地控制自己的情绪，遇到事情往往不计后果只看眼前，因此常常会因为一点小事大打出手，甚至找朋友来替自己出气，这是完全错误的处理方式。而很多被“邀请”参与打架的同学认为打架只是违反学校的规章制度，和“兄弟义气”相比微不足道，殊不知打架斗殴亦违反了国家法律的规定，盲目地讲义气害人也害己。

知心信箱

青少年正处于叛逆期，情绪起伏大，易激动易愤怒，很多时候会因为一点小事、一点矛盾而大打出手，甚至找人来报仇，这就会导致“群架”的发生。有些同学不认为打架犯法，而有的同学明知打架犯法但为了所谓的哥们儿义气也会参与其中，最后害人害己。如果真的是朋友，是哥们儿，就更应该及时劝阻，而不是助其犯错。

打架斗殴尤其是聚众打架，人员多，场面混乱，加之推搡甚至携带刀具、棍棒，很容易造成误伤、重伤甚至残疾死亡，有时候或许不是你的本意，但是伤害已经不可避免。一时的冲动带来的伤害可能是终身的，也有可能毁了别人的一生，同学们在采取某种行为之前一定要先想清楚后果，不要头脑一热什么事都敢做，到时给自己和他人带来终身悔恨。

遇事一定要冷静再冷静，调整好心态，采用既能够解决问题又不至于造成严重后果的方法。作为年轻一代，应把知法、懂法、守法放在重要的位置，将之作为人生路上的一堂重要的必修课。

故意伤害——打闹的后果很严重

情景再现

2003年3月8日，对于阿建的妈妈来说，是无法忘记且无比悲痛的一天。因为在这一天，她亲爱的儿子阿建永远地离开了她，生命停留在了十二岁。

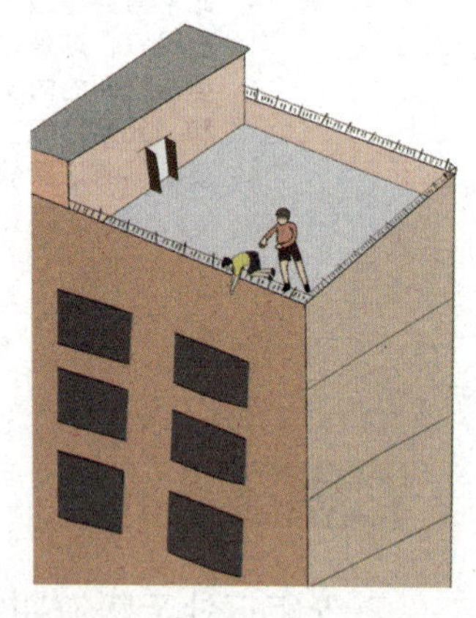

那天傍晚，阿建的小玩伴——九岁的阿伟和阿星约阿建一起去附近一个废弃的厂房玩耍。为了玩得更尽兴，三个人径直上了四楼。在四楼车间他们发现了几根小木棍，阿建拿了较长的一个。过了一会儿，阿星也想要阿建手上的木棍，而阿建还没有玩够，两个人争抢起来，拉扯到通风口附近时，阿星推了阿建一下，导致阿建从四楼坠落至二楼。

看到满地鲜血和一直呻吟的阿建，阿伟和阿里都害怕起来，想到告诉家长后会受到批评，他们竟然就此离开了厂房，隐瞒了发生的事情。

当天晚上，阿建被找到时已经死亡多时。

痛失爱子的阿建妈妈将阿星、阿伟告上了法庭，法庭最终认定阿星故意推人使阿建坠楼，并和阿伟隐瞒真相延误了救助时机致使阿建死亡，判处两家赔偿十万元，并责令父母对其严加管教。

小检察官说法

故意伤害是指故意非法损害他人健康的行为，故意杀人是指非法剥夺他人生命的行为。结合本案，被告人阿星因抢夺玩物推人坠楼，与另一被告人阿伟，思想太过单纯，因缺乏法律意识而致人死亡，其行为有伤人故意，但没有杀人故意，因此法院认定为故意伤害罪。

《刑法》第二百三十四条规定：故意伤害他人身体的，处三年以下有期徒刑、拘役或者管制。犯前款罪，致人重伤的，处三年以上十年以下有期徒刑；致人死亡或者以特别残忍手段致人重伤造成严重残疾的，处十年以上有期徒刑、无期徒刑或者死刑。

《刑法》第二百三十二条规定：故意杀人，处死刑、无期徒刑或者十年以上有期徒刑；情节较轻的，处三年以上十年以下有期徒刑。

故意杀人罪的司法解释：故意杀人罪是行为犯，只要行为人实施了故意杀人的行为，就构成故意杀人罪。

本案例中，犯罪者阿星、阿伟仅仅九岁，由于年龄过小，法院并未判处当事人刑罚，但其父母或其他监护人要对孩子的行为负责，给予受害人赔偿。案件已经完结，受害者已然逝去，但它给受害者及其家庭的伤害无法抚平，对犯罪者及其家庭的教训及影响是沉重而深刻的。阿建美好的生命戛然而止，父母悲伤欲绝；阿星、阿伟虽然没有坐牢，但犯罪的污点将伴随终生，对人际交往、工作学习等都会造成负面影响，而其不富裕的家庭因为巨额的赔偿也负债累累。

law

同学们在平常也一定有和小伙伴追逐打闹、互抢东西的经历，这种情况很常见，同学们也一定认为没什么。但其实，在打闹抢夺的过程中很容易发生意外，而人的情绪也易激动，做出失控的行为，由此就会造成危险的情况，比如摔倒磕伤、用笔戳伤他人、从楼梯上滚落等，不仅会让自己处于危险之中，也可能让他人受到伤害。同学们一定要和小伙伴们和睦相处，产生矛盾时要用平和的方式解决，自己无法解决的要告诉老师或家长，千万不要动手。

知心信箱

同学们请仔细想一想，是什么让案例中年仅九岁的孩子因过失致人死亡呢？

是无知，是对生命的不尊重，是法律知识的缺乏……不知道什么是犯罪，不知道事情的严重性，因为无知而无畏，因为无畏而走上犯罪道路。

正如《预防未成年人犯罪法》中的规定，对于未成年人，应该加强理想、道德、法制和爱国主义、集体主义、社会主义教育，而对于达到义务教育年龄的未成年人，在进行上述教育的同时，应当进行预防犯罪的教育。

故意伤害在未成年人群中也是发生频率较高的一种犯罪类型，其发生原因除了对法律的无知外，还有一点是未成年人易冲动，做事不考虑后果，只看眼前，因此过激伤人、杀人在未成年人群中并不少见。

同学们，在接受相关教育的同时，也应当从小就有意识地去了解和学习法律知识，通过询问老师、认真学习思政课程、阅读相关书籍等，了解犯罪的类型、犯罪的后果以及容易触及红线的不良行为，从而使自己远离犯罪。

在日常生活、学习、玩乐的过程中，我们不可避免会跟他人产生分歧，这时候更应该冷静，用法律来规范和约束自己的言行，千万不要莽撞行事，为逞一时之快而酿成大祸。

生命是宝贵的，是美好的，是不可重复的，我们应该对生命充满敬畏之心，既不伤害自己，也不去伤害别人，养成良好的生活学习习惯，和同学、朋友和睦相处，遇到问题及时解决。

性侵害——对不起，我伤害了你

情景再现

暖暖今年刚升入初中，虽然还不到十四岁，但却出落得很是标致，走在路上都能吸引不少人的目光。某次学校举行的大型联谊活动中，暖暖认识了同校高中部的阿煜，两人互生好感，发展成了男女朋友。

一天，暖暖接到阿煜的电话说让她到家里来，一起学习，暖暖提议多叫几个人一起，但被阿煜拒绝了，说人多的话太闹腾了。

暖暖到了之后，发现阿煜的父母都不在家，而且感觉阿煜有点怪怪的。两人写完作业之后，阿煜提议看电影，暖暖也同意了。

电影放的是恐怖片，其中还有不少男女亲热的镜头，暖暖感觉非常尴尬，可阿煜却看得津津有味。渐渐地，在电影情节的渲染下，阿煜开始学着里面的动作去吻暖暖，手也不老实起来，在暖暖身上乱摸。

暖暖有些害怕，她知道身上的某些部位是不能让别人碰的，尤其是年龄还小的情况下，即使是男朋友也不可以。暖暖表现出抗拒，可阿煜却越抱越紧，暖暖一狠心便咬了他一口。感受到疼痛的阿煜清醒过来，赶紧停止了动作，并且向暖暖道歉，请暖暖原谅他。暖暖道："妈妈说太小偷尝禁果，带来的伤害是一辈子的。"

小检察官说法

青少年时期正是性发育、性意识萌动的关键时期，产生生理冲动是正常的，但是一些青少年却会因为缺乏正确的性道德观念、性法制意识，无法抵御不良性信息的侵扰和诱惑，放任自己接受不健康的性刺激，进而过早偷尝禁果或者选择非法或犯罪的性侵犯方式进行宣泄，这不仅会给自己造成伤害，也会给他人带来痛苦。

国家对未成年人的保护和犯罪预防也涉及这一方面。

《预防未成年人犯罪法》第三十一条规定：任何单位和个人不得向未成年人出售、出租含有诱发未成年人违法犯罪以及渲染暴力、色情、赌博、恐怖活动等危害未成年人身心健康内容的读物、音像制品或者电子出版物。

《刑法》第十七条规定：已满十六周岁的人犯罪，应当负刑事责任。已满十四周岁不满十六周岁的人，犯故意杀人、故意伤害致人重伤或者死亡、强奸、抢劫、贩卖毒品、放火、爆炸、投放危险物质罪的，应当负刑事责任。已满十四周岁不满十八周岁的人犯罪，应当从轻或者减轻处罚。因不满十六周岁不予刑事处罚的，责令他的家长或者监护人加以管教；在必要的时候，也可以由政府收容教养。

第二百三十六条规定：以暴力、胁迫或者其他手段强奸妇女的，处三年以上十年以下有期徒刑；奸淫不满十四周岁的幼女的，以强奸论，从重处罚。

第二百三十七条规定：以暴力、胁迫或者其他方式强制猥亵他人或侮辱妇女的，处五年以下有期徒刑或者拘役。

《最高人民法院关于审理未成年人刑事案件具体应用法律若干问题的解释》第六条规定：已满十四周岁不满十六周岁的人偶尔与幼女发生性行为，情节轻微、未造成严重后果的，不认为是犯罪。

根据《关于行为人不明知是不满十四岁幼女，双方自愿发生性关系是否构成犯罪的批复》的规定：行为人明知是不满十四岁的幼女而与其发生性关系，不论幼女是否自愿，均以强奸罪定罪处罚；行为人确实不知对方是不满十四岁的幼女，双方自愿发生性关系，未造成严重后果，情节显著轻微的，不认为是犯罪。

案例中的阿煜及时醒悟，才没有铸成大错，否则等待他的就是法律的惩罚。上述法律条文中关键的一点是“与明知不满十四岁的幼女发生关系，不管幼女是否自愿都构成强奸罪”，用上述案例来说，也就是即使暖暖没有反抗，阿煜同其发生了关系，阿煜也犯了强奸罪。

国家对待未成年人犯罪虽然实行教育、感化、挽救方针，坚持教育为主、惩罚为辅的原则，但也绝不会姑息纵容。所以，不要存有“自己还未成年，法律不会把自己怎么样”的侥幸心理。法律是一视同仁的，对待未成年人的宽容是为了给因无知懵懂而触犯法律者一个改过自新的机会，如果仍旧执迷不悟，势必严惩不贷。

知心信箱

青春期的男女互生好感是正常现象，也是发育的象征，这是无法克制的，但是我们也不能放任这种情感支配控制自己的行为，尽可能地避免早恋。

避免早恋的目的不是禁止男女间的正常交往，而是预防“过早性行为”。同学们，你们年龄尚小，千万不要因为好奇或抵不住诱惑而偷尝禁果，由于缺乏这方面的安全保护意识，很有可能造成不可挽回的局面，比如新闻上报道过的“女学生宿舍厕所产子，因害怕父母老师知道，便将刚出生的孩子掐死扔至垃圾桶，最后因‘故意杀人罪’判处有期徒刑”的事件。

应该避免单独和异性在家里或是宁静、封闭的环境中会面，尤其应避免女孩子到男子家中。因为青春期的孩子大多冲动，谁也不能保证会不会发生你不希望的事情，要懂得杜绝别人伤害自己的机会。

应通过正规渠道获取性生理、心理方面的知识，尤其是男孩，不要在网上观看色情信息，更不要被周围人不正确的性价值观误导，觉得没有性经历、不懂性方面的事情就是丢人、没面子。

总之，同学们要理智地对待青春期的性意识、性冲动，理智对待“成人信息”。

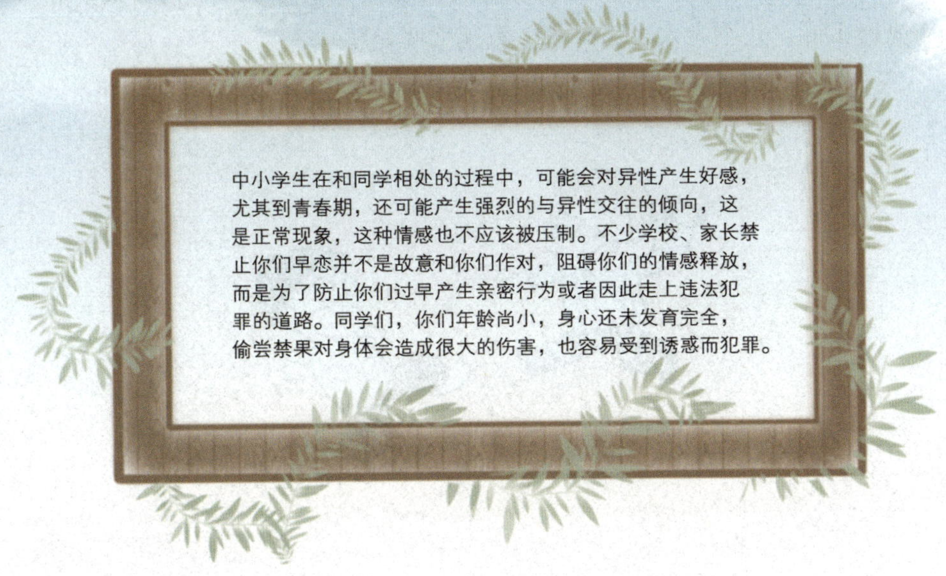

中小学生在和同学相处的过程中，可能会对异性产生好感，尤其到青春期，还可能产生强烈的与异性交往的倾向，这是正常现象，这种情感也不应该被压制。不少学校、家长禁止你们早恋并不是故意和你们作对，阻碍你们的情感释放，而是为了防止你们过早产生亲密行为或者因此走上违法犯罪的道路。同学们，你们年龄尚小，身心还未发育完全，偷尝禁果对身体会造成很大的伤害，也容易受到诱惑而犯罪。

携带管制刀具——这些“武器”并不好玩

情景再现

阿山听同学们说近期学校附近的小路上有时候会出现一些“流氓混混儿”，专抢学生的钱和其他值钱东西，阿山听了有些害怕，不过好在阿山与一名同学住得不远，两人经常做伴回去。

有一天，那名同学请假了，阿山便去买了一把弹簧刀给自己壮胆，巧的是，那天阿山还真的与那群流氓相遇了。阿山将手伸进口袋握紧了弹簧

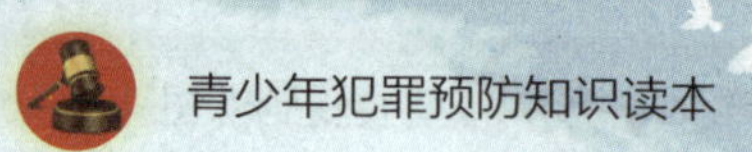

刀，心里安慰自己："我有刀，我怕什么啊！"

尽管如此，面对几个身强力壮的混混儿，阿山还是很害怕。眼看着那几个人慢慢向自己走来，阿山便拿出弹簧刀，闭着眼睛乱挥一气。突然阿山感到手一松，睁开眼时，发现刀已经被对方夺了过去。当他们正拿着刀吓唬阿山时，几个大人走了过来，把他们吓跑了。

小检察官说法

虽然案例中阿山是因为害怕被欺负所以想拿刀壮胆，但是一般情况下，携带管制刀具是违法行为。不管是未成年人还是成年人，随身携带属于管制刀具都是法律所不允许的。

《预防未成年人犯罪法》第三十四条规定：本法所称"严重不良行为"，是指下列严重危害社会，尚不够刑事处罚的违法行为：（一）纠集他人结伙滋事，扰乱治安；（二）携带管制刀具，屡教不改；（三）多次拦截殴打他人或者强行索要他人财物；（四）传播淫秽的读物或者音像制品等；（五）进行淫乱或者色情、卖淫活动；（六）多次偷窃；（七）参与赌博，屡教不改；（八）吸食、注射毒品；（九）其他严重危害社会的行为。

第三十五条规定：对未成年人实施本法规定的严重不良行为的，应当及时予以制止。

对有本法规定严重不良行为的未成年人，其父母或者其他监护人和学校应当相互配合，采取措施严加管教，也可以送工读学校进行矫治和接受教育。

对未成年人送工读学校进行矫治和接受教育，应当由其父母或者其他监护人，或者原所在学校提出申请，经教育行政部门批准。

《治安管理处罚条例》第二十条规定：非法携带、存放枪支、弹药或者有其他违反枪支管理规定行为，尚不够刑事处罚的；违反爆炸、剧毒、易燃、放射性等危险物品管理规定，生产、销售、储存、运输、携带或者使用危险物品，尚未造成严重后果不够刑事处罚的；非法制造、贩卖、携带匕首、三棱刀、弹簧刀或者其他管制刀具的：处十五日以下拘留、两百元以下罚款或者警告。

《治安管理处罚法》第三十二条规定：非法携带枪支、弹药或者弩、匕首等国家规定的管制器具的，处五日以下拘留，可以并处五百元以下罚款；情节较轻的，处警告或者二百元以下罚款。非法携带枪支、弹药或者弩、匕首等国家规定的管制器具进入公共场所或者公共交通工具的，处五日以上十日以下拘留，可以并处五百元以下罚款。

案例中的阿山携带弹簧刀本意是保护自己，但最后却被流氓夺了去，反而对自己构成威胁。所以对于未成年人而言，是绝对不能携带包括刀具在内的危险物品的，一方面是这个时期的情绪不稳定，容易冲动，可能会伤及自己和他人，另一方面则可能被不法分子利用，成为犯罪工具，对自己造成威胁的同时也危害公共安全。

我国的《治安管理处罚条例》规定：对于非法携带管制刀具的人，即使其未造成任何后果，也要给予治安处罚。未成年人携带管制刀具，如果屡教不改，就构成《预防未成年人犯罪法》中所说的严重不良行为，要承担相应的法律责任。

知心信箱

很多同学可能会说："我就是带着玩又不去伤人，这也不行吗？""如果我不带防身的工具，遇到了坏人怎么办呢？"

答案是不行。

刀具等危险物品有非常大的安全隐患，尽管你的本意不是伤人，但很多时候，事情并不会按照你所希望的那样发展。就像例子中的阿山一样，他想保护自己，可最终反而因为携带的刀具让自己处在更危险的境地。

携带管制刀具很有可能助长未成年人逞强好胜、爱出风头的心理，且一旦冲突发生就极容易成为犯罪的工具，无意中让未成年人走上犯罪道路。

若遇到上述阿山的情况，可见机行事，先呵斥他们这么做是违法的，如果他们不听劝告，也不要硬碰硬，保护自身安全最重要，待事后及时告诉老师或寻求警察的帮助。

生活中与人产生摩擦、不愉快都是难免的，不要用"争吵动手"来解决问题，那样只会使事情越来越糟糕，情绪十分激动时可以暂时离开事发地点，等冷静下来再处理。如果已经与人动手，一定要在后果不严重时或老师教导后停止，不要想着报复，将事情闹到违法犯罪的程度。

同学们要牢记《预防未成年人犯罪法》中指明的几大不良行为，

在生活学习中以此为警戒，规范自己的行为，如有上述行为发生时，应当及时停止并改正，否则势必会向着违法犯罪的方向发展。

同学们，你们是祖国的花朵，也是家人的希望，千万不要因为一时糊涂，断送了自己的未来。

吸食毒品——与毒品深交的后果

情景再现

靓靓是某校初中学生，长相出众，为人仗义，是有名的“大姐大”。靓靓的“交际”也很广泛，不仅认识很多外校的学生，也认识一些校外青年。

一次聚会后，一名被靓靓叫作“斌哥”的社会青年将大家带到了某酒吧，在喧嚣的音乐和刺耳的尖叫声中，斌哥给靓靓递过来一杯酒，问她敢不敢喝掉，靓靓听了冷哼一声接过酒杯一饮而尽。之后靓靓就感觉有些头晕，手脚不听使唤，竟有些飘飘欲仙的感觉，好在同伴发现靓靓不对劲，及时从斌哥身边带走了她。回去之后，靓靓的症状逐渐好转，她以为是喝酒喝得太猛了，便没当回事儿。

过了几天，靓靓接到了斌哥的电话，斌哥直接就问她愿不愿意挣大钱，靓靓不明所以，斌哥告诉靓靓，她上次喝的酒中就有一种毒品，而他们正是靠着这种东西挣了很多钱。靓靓多多少少知道吸毒是违法的，但她以为自己已经染上了毒瘾，也经不住斌哥的再三劝说和金钱诱惑，便答应了。

靓靓就这样退学成了贩毒团伙中的一员。他们昼伏夜出，白天窝在出租屋蒙头大睡，晚上出门“上班”，晚6时至10时钻进网吧玩游戏、聊天，接着到歌厅、夜总会找“顾客”，第二天凌晨2时至4时陆续返回住

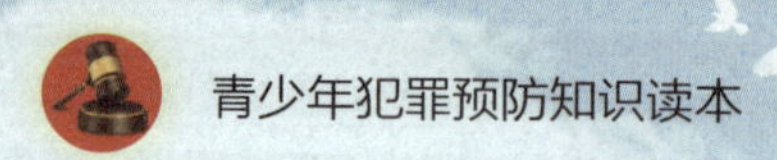

地。短短半年时间里，该贩毒团伙贩卖各类毒品1200余克。

直到被警察抓住时，靓靓才幡然醒悟，但为时已晚，等待她的将是法律的制裁……

小检察官说法

毒品一直以来都是社会乃至国家的毒瘤，对人们身心健康和社会秩序构成了严重威胁。例子中的靓靓因一次接触毒品而被坏人利用，成为他们牟取暴利的工具，误入歧途。关于毒品的法律法规都有哪些内容呢？让小检察官来告诉你们。

《预防未成年人犯罪法》第十五条规定：未成年人的父母或者其他监护人和学校应当教育未成年人不得吸烟、酗酒。任何经营场所不得向未成年人出售烟酒。

《治安管理处罚法》第七十二条规定：有下列行为之一的，处十日以上十五日以下拘留，可以并处二千元以下罚款；情节较轻的，处五日以下拘留或者五百元以下罚款：（一）非法持有鸦片不满二百克、海洛因或者甲基苯丙胺不满十克或者其他少量毒品的；（二）向他人提供毒品的；（三）吸食、注射毒品的；（四）胁迫、欺骗医务人员开具麻醉药品、精神药品的。

第七十三条规定：教唆、引诱、欺骗他人吸食、注射毒品的，处十日以上十五日以下拘留，并处五百元以上二千元以下罚款。

《刑法》第十七条规定：已满十六周岁的人犯罪，应当负刑事责任。已满十四周岁不满十六周岁的人，犯贩卖毒品罪的，应当负刑事责任。已满十四周岁不满十八周岁的人犯罪，应当从轻或者减轻处罚。

第三百四十七条规定：走私、贩卖、运输、制造毒品，无论数量多少，都应当追究刑事责任，予以刑事处罚。

第三百五十三条规定：引诱、教唆、欺骗他人吸食、注射毒品的，处三年以下有期徒刑、拘役或者管制，并处罚金；情节严重的，处三年以上七年以下有期徒刑，并处罚金。强迫他人吸食、注射毒品的，处三年以上十年以下有期徒刑，并处罚金。引诱、教唆、欺骗或者强迫未成年人吸食、注射毒品的，从重处罚。

第三百五十七条规定：本法所称的毒品，是指鸦片、海洛因、甲基苯丙胺（冰毒）、吗啡、大麻、可卡因以及国家规定管制的其他能够使人形成瘾癖的麻醉药品和精神药品。毒品的数量以查证属实的走私、贩卖、运输、制造、非法持有毒品的数量计算，不以纯度折算。

从案例中的情形来看，社会青年“斌哥”是靓靓走上犯罪道路的罪魁祸首，他引诱靓靓喝下带有毒品的啤酒，还使用金钱吸引其走上贩毒道路。当然，靓靓本身也有很多问题，比如同不良青年来往、随意饮酒、缺乏对毒品的了解、缺乏法制观念等。青少年思想单纯，很容易被狡猾的不良分子诱骗利用，进而做出违法的事情。

知心信箱

身处象牙塔的同学们，可能认为毒品离自己很遥远，其实它就在每一个人的身边。当下毒品的形式越来越多样，还十分善于伪装，有的时候我们可能不知不觉就落入了坏人的圈套，未成年人吸毒贩毒已经不再是天方夜谭。

对于毒品，坚决不能吃第一口。

很多未成年人吸毒的原因就是好奇。毒品没有什么稀奇之处，它只会摧残你的身体和心灵。

多了解和认识毒品，不知道毒品都有什么种类、长什么样，也是导致青少年染上毒瘾的一大原因。同学们在父母的陪同下多了解这方面的内容，积极参加学校举办的毒品知识宣传活动。

善于识别伪装过的毒品。有的毒品可做成糖果的形状；有的可以放进饮料啤酒中；有的就是特殊的香气，根本不用口服。所以不要随便拿陌生人给的东西，更不能随便吃喝。

未成年

毒品不仅会影响人的身体健康，还会危害人的心理健康，尤其是对青少年。毒品摄入体内，会导致重要系统及器官受损，一些疾病就会乘虚而入，若摄入过量还可能引起呼吸衰竭致死。长期吸毒使人沉溺于虚幻的自我体验中而不能自拔，失去对生活的热情，对所有事情都提不起兴趣，精神萎靡，学习成绩下降。当毒瘾发作又无钱购买毒品时，就会铤而走险，导致不良行为和犯罪行为的发生，比如盗窃、抢劫、贩毒等。“珍爱生命，远离毒品”，同学们要把这句话牢牢记在心里。

结交朋友要注意对方的身份、背景和人品，不要随意结交不熟悉的社会人员。酒吧、KTV、夜总会等场所是毒品最容易出现的地方，且其中鱼龙混杂，存在各种隐患，未成年人应当远离。

同学们，对待毒品，我们要做到了解但不触碰，了解是为了更好地防止我们在毫不知情的情况下落入坏人的陷阱，沾染毒瘾。总之，毒品不仅危害我们的身心健康，还会给我们的家庭、社会带来极其负面的影响，同学们千万要与之保持距离。

第二章

别看事情小，这些也是犯罪

高空抛物——“楼上扔东西真好玩！”

情景再现

“哎哟，是谁啊！这么没素质！”

某小区内，一位女士被高空抛下的瓜子皮撒了一身。她怒不可遏地抬头看去，却未发现任何可疑人影。无奈之下，女士高声咒骂了两句便离开了。

听着楼下女声的诅咒，一个稚嫩的脸庞上浮现出了一丝坏笑。

原来，这些瓜子皮是十七楼的小强扔下去的！小强是一名十一岁的小学生，因为一时无聊，小强便将瓜子皮从窗户扔了下去，没想到引来了对方的咒骂。

可是，听到咒骂的小强却丝毫不觉愧疚，反而觉得这件事很有趣！从楼上扔东西既方便又刺激，何乐而不为呢？小强乐呵呵地想。

尝到“甜头”后，小强开始对高空抛物热衷起来。隔三岔五，他就要扔点东西下去“听个热闹”。

这天，小强又兴冲冲地将一个牛奶空盒抛了下去，随即笑嘻嘻地蹲在窗边等着“听热闹”。果然，楼下传来了一声男人的哀号，小强立刻捂住嘴偷笑起来。

正在这时，小强家里电话响了，是小强妈妈打来的。

“喂，小强。”妈妈在电话里哭着说道，“不知道谁这么缺德，从楼上扔下来了一个牛奶盒，正好砸到了爸爸头上，现在爸爸已经昏迷了，你赶紧下楼吧！”

挂了电话，小强“哇”的一声哭了出来。他万万没想到，自己一时兴起扔下去的牛奶盒，竟然成为伤害爸爸的凶器！

他赶紧下楼，满脸是血的爸爸身边已经围了一群人，大家都在议论纷纷。

“不知道谁这么缺德，天天往楼下扔东西，砸死人了吧。”

“是啊，一定要报警，把这个人抓起来。”

“查！让警察查这个牛奶盒上的指纹！”

这回，小强再也不觉得高空抛物好玩了。想到自己会被抓起来，想到爸爸可能会被自己扔的东西砸死，他再也控制不住颤抖的双腿，一屁股坐在了地上。

等待小强的是法律的审判，众人的谴责，以及无尽的精神折磨。

小检察官说法

在《治安管理处罚法》和《刑法》中并没有针对高空抛物事件的具体条例，但高空抛物的行为却可以通过“以危险方法危害公共安全罪”“过失以危险方法危害公共安全罪”等罪名进行法律制裁。

小强未满十四岁，根据相关规定需要交由家长进行教育，并由家长对受害人进行物质赔偿、精神赔偿和诚意道歉。如果家长没有管教能力，小强则需被送到教管收容所代为教育。当出现人员伤亡时，法律将依照“以危险方法危害公共安全罪”等罪名，来追究小强家长的刑事责任（或处以拘留，或处以高额罚款，或二者并行）。

文中的受害人系小强的父亲，这也许会让小强“逃过一劫”，但小强内心却会因亲手伤害了父亲而饱受折磨。这也让小强吸取了相应的教训。

知心信箱

同学们，这些类似行为也是违法的哟：

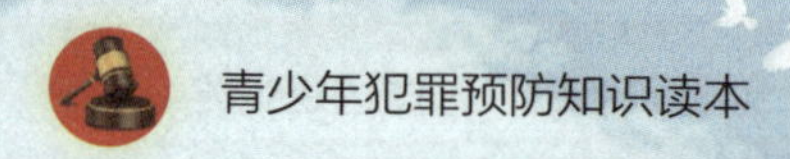

在公共场所喧哗打闹，有可能造成心脏病患者及神经衰弱类患者的心脏骤停；

在楼梯内洒水、乱扔垃圾，有可能使人因滑倒重伤或死亡；

在电梯内洒水、小便，有可能造成电梯故障，使同乘电梯的人出现伤亡。

高空抛物即从楼上扔杂物，这也是很多孩子为了好玩而会去做的事情，这种行为隐含着诸多隐患，如砸坏别人的车，砸坏公共物品，砸伤甚至砸死人……平常的一个不起眼的小物品都会因为高空而变得极具危险性，一枚小小的鸡蛋、一个硬硬的包装盒，如果从高空落下，其威力不亚于一颗炸弹。同学们，在高空随手丢下的东西可能就成为“夺人性命”的武器，所以千万不要从高空扔杂物。

捕捉保护动物——“走，我们去捉鸟！”

情景再现

“哇，没想到乡下这么好玩！”

小哲是X市第一小学的五年级学生，暑假期间，他跟随父母一起回到乡下老家。来到农村，小哲暂时告别了电子设备，每天都跟村里的其他孩子一起玩耍。

一天，村里的小伙伴叫小哲下河游泳。来到河边，小哲立刻被一只腹部白色、头颈洋红的漂亮鸟儿吸引了目光，其他小伙伴也围了过来。

“嘿，我见过这鸟一次，我爹说这叫雷鸟，挺珍贵呢！”一个叫大壮的孩子说道。大壮十六岁了，他不仅是个大孩子，还是村里头的孩子王。

“这鸟真好看。”小哲啧啧称奇，“我在城里只见过麻雀和喜鹊。”

大壮一拍胸脯：“喜欢吗？喜欢哥给你逮一只。有人来村里收鸟，等你玩儿够了，哥就把鸟卖了，请你们吃串儿！”

小哲立刻点头，其他小伙伴也很兴奋。说干就干！大壮立刻拿了竹篓谷粒，给雷鸟设了个套。雷鸟见有吃的，没一会儿就上了套。

雷鸟抓到手，小伙伴们都很兴奋，大家你摸一下我摸一下，全然忘了游泳这回事。

这时，一位护林员换班回村，看见几个孩子在河边叽叽喳喳地也不下河，就下来看个究竟。刚走近，他便发现大壮手里捏着的那只雷鸟。

“你们几个！赶紧把鸟放了！抓这玩意儿犯法知道吗？这是国家二级保护动物！”护林员喝道。几个孩子吓了一跳，大壮讪讪地说道：“行，叔，知道了。”

护林员瞪着眼，一直看着几个孩子把鸟松开各自回家后才离开。

第二天，几个孩子又相约去游泳，来找大壮时，却发现不少警察围在大壮家门口。上前一问，大家都吓了一跳。原来，大壮心里惦记雷鸟能卖钱，半夜又把雷鸟捉了回来。清早，他带着雷鸟去找收购的人，被警察抓了个正着。

小哲很担心大壮，可是，整个暑假大壮都再也没露过一次面。后来，小哲才知道大壮已经进了监狱，而且要被关上好几年。

小检察官说法

大壮参与抓捕、交易国家二级保护动物，且在知道雷鸟为国家二级保护动物的前提下仍然做出违法行为，所以，当地人民检察院以“非法捕猎”“交易珍贵、濒危野生动物”等罪名对大壮提出公诉。

雷鸟又叫柳雷鸟，于2016年被列入《世界自然保护联盟濒危物种红色名录》，系我国二级保护动物。大壮已满十六岁，可以为自己的行为承担刑事责任。因此，大壮一审被判处有期徒刑六年，同时处以五千元罚金。

为了满足一时的贪念，大壮人生中最美好的青春时光将在牢狱里度过。

知心信箱

同学们，这些类似行为也是违法的哟：

为其他人提供保护动物的相关信息；

购买并饲养国家保护动物；

食用国家保护动物或野生动物。

text box

同学们，我们生活的地球上有着很多种动物，不过它们中有的数量非常稀少，我们就把这些动物称为珍稀动物。我们国家就有很多这样的动物，比如大熊猫、金丝猴等，它们需要国家和人类的保护，否则就会像恐龙一样灭绝，我们就再也见不到它们了。同学们，我们要爱护赖以生存的家园，与大自然和谐相处，不捕捉、伤害、戏弄珍稀动物，并尽自己能力保护它们。

虐待动物——“这只流浪狗真讨厌！”

情景再现

小昌是乐园小学四年级学生，他品学兼优，一直是大家夸赞的对象。可是，他最近却遇到了一件颇为苦恼的事，那就是每天放学回家时，他都能在小区门口看到一只脏兮兮的流浪狗。虽然这条狗并不碍他什么事，但

他就是很讨厌这条又脏又丑的狗。

这天放学，小昌又看到这条流浪狗在小区门口蹲着。突然，一股无名之火蹿到他的心头，他从路边捡起一块石头，朝流浪狗狠狠砸了过去。流浪狗挨了打，立刻哀号着逃窜而去。看着流浪狗可怜兮兮的样子，小昌突然感觉心情很舒畅，哼着歌回家了。

第二天放学，这条流浪狗又蹲在小区门口。一看到它，小昌立刻咬牙切齿，幻想着自己是与邪恶歹徒作战的勇士，冲上去就对流浪狗乱踢了一番。

正当小昌打得过瘾时，一声尖叫从背后传来——

“天啊！你真残忍！你疯了吧！”

小昌回头一看，竟然是班上的小美。小美学习好，性格好，长得也漂亮，小昌一直很喜欢她。谁知，小美并不觉得敢打流浪狗的小昌很英勇，反而觉得他很残忍。

小昌有些不知所措地看着小美，又看了看脚下可怜兮兮的流浪狗，突然意识到自己的行为已经遭到了来往行人的不满。周围人都对着小昌指指点点，满脸都是不屑和憎恶的神色。

果然，小昌虐待动物的行为被人告诉了学校，学校在周一大会上公开批评了小昌。虽然学校没有点破小昌的姓名，但他却愧疚得抬不起头来。随后，爸爸妈妈也知道小昌虐待动物的事情了。

小昌妈妈不敢相信小昌竟然是如此残忍的孩子，当即捂着脸痛哭起来。小昌爸爸也是暴跳如雷，拿着扫帚狠狠揍了小昌一顿。小昌爸爸吼道：“你再想虐待动物时，就好好想想被人暴揍的滋味！”

转眼间，小昌从一个人见人夸的优等生，变成了“过街老鼠人人喊打”。他心中的滋味，恐怕只有他自己最清楚了。

小检察官说法

目前，我国虽然没有正式出台虐待动物的相关法律，但却加强了有关善待动物的道德倡导，并将虐待动物行为列入了违反社会公正良俗行为。文中的小昌虽未受到法律制裁，但却因为舆论压力和心理愧疚感饱受精神折磨。

学校在尊重小昌人权的基础上，对其虐待流浪狗的行为进行了通报批评，给小昌和同学们敲响了警钟；小昌的父母也并未放纵小昌，而是用自己的管教方式让小昌牢牢记住了教训。

另外，虽然虐待动物的行为通常不构成犯罪，但如果虐待的动物属于他人所有动物或国家保护类动物，则有可能触犯刑法。

生活中，我们不要像文中的小昌一样，将动物当成敌人或出气筒，而是要与小动物和睦相处，善待它们。小动物都是有灵性的，我们善待它们，它们同样会善待我们。

知心信箱

小朋友们，这些类似行为也是违法的哟：

虐待他人宠物，可能会造成刑事犯罪；

参与虐待动物、捕杀动物及动物类违法交易。

毁坏公物——“把这些路灯都打碎！”

情景再现

小杰是育才中学的初三学生，上个月刚满15岁。由于升学压力大，加上家庭贫困无法送他去心仪的私立高中，小杰的情绪开始不稳定起来。

这天，小杰下了晚自习回家，走到路灯下时，突然看到一颗小石子躺在脚边。望着脚边的石子，小杰觉得一阵烦躁。

“啪！”

他一脚踢飞了石子，石子却弹到路灯柱上，直接撞碎了路灯。

小杰吓了一跳，但很快，他露出了一丝愉悦的神色。四周看了看，此时只有自己一人。小杰露出一丝坏笑，拿着小石子“啪啪啪”地打向周围路灯。不多时，这一片的路灯就葬送在小杰的手中。

发泄完毕，小杰整理了一下校服，迈着轻松的步伐回家了。

砸自己家东西浪费，但路灯却是“免费”的，拿免费的东西宣泄情绪，自己真是太聪明了！小杰如此想着，心情更加愉悦了。

第二天，小杰正在家里吃早饭，一阵急促的敲门声传来。小杰妈妈打开门，只见外面站了两名民警，还有几个戴袖章的老年人。

“张某杰（化名）是住这儿吗？”民警厉声问道。小杰妈妈怯怯地点点头。

民警说道：“张某杰昨晚用石头打碎了十七个路灯，他毁坏公物的行为被摄像头全部拍下，让他跟我们走一趟吧！”

在妈妈惊诧的目光下，小杰被民警和居委会人员带走了。

很快，关于小杰的判决下来了。由于小杰已满十四岁，且情节比较严重，故处以五日行政拘留，同时对小杰妈妈处以八千元的路灯维修费用。

八千元对小杰家来说无疑是笔不小的开支，但小杰妈妈还是咬着牙付了罚金。从拘留所回家后，小杰看着妈妈已生白发的双鬓，忍不住蹲下痛哭起来。

这回，小杰可长记性了。

小检察官说法

小杰出于主观原因故意破坏公共财产，犯了“故意毁坏财物罪”。

小杰已满十四岁，具备刑事责任能力。根据《中华人民共和国刑法》第二百七十五条规定：故意毁坏公私财物，数额较大或者有其他严重情节的，处三年以下有期徒刑、拘役或者罚金；数额巨大或者有其他特别严重情节的，处三年以上七年以下有期徒刑。

然而，小杰虽然已满十四岁，但还属于未成年人，所以只判了五日行政拘留。但是，毁坏路灯被拘留罚款的经历，让小杰深深记住了这个教训。

如果小杰的父母不能对他严格管教，政府也会在必要时将小杰送往收容所进行教养。

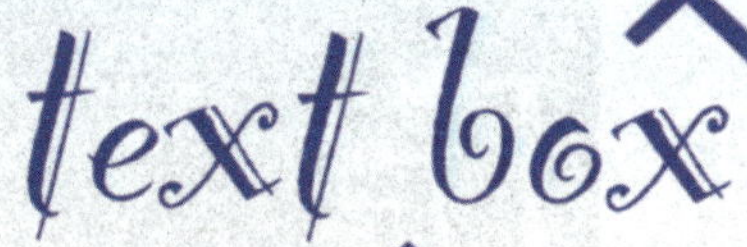

根据《刑法》规定，公共财物是指国有财物、劳动群众集体所有的财物。顾名思义，公物不是个人的，是属于国家和集体的，毁坏公物属于违法犯罪行为。不仅仅是路灯，小区的公共器材，公园中的设施，学校的课桌、黑板、门窗、体育器材等都是公物。公共设施、公共物品给我们的学习生活带来了便利，爱护公物是我们每一个人的责任和义务。

知心信箱

同学们，这些类似行为也是违法的哟：

在名胜古迹与历史文物上乱刻乱画，将会触犯法律并支付高额赔款；

将公共设施上的配件带回家私用。

毁坏私有财产——“我就喜欢刮人家的车！”

情景再现

“小满，放学后带你玩儿点刺激的！”小雷兴奋地说道。小满和小雷同是第二中学的学生，两家住得近，二人关系很好。

最近，小满和小雷交上了几个“社会大哥”，在大哥的带领下，他们做了不少出格的事情。由于男生在青春期的特殊悸动，二人非但不觉得自己行为不妥，还自认为很潇洒。

只见小雷拉着小满来到小区停车场，随后掏出一把美术刀，笑着指着一辆白色的路虎说道：“喂，小满，你是不是男子汉？是男子汉，就拿刀把这车划了！”

小满看着路虎犹豫了一下：“这……不好吧。”

小雷不耐烦地晃了晃手里的刀：“真啰唆，你还是不是男人了？瞧我的！”

小雷拿刀用力刮着路虎。很快，路虎后杠附近就出现了一只歪歪扭扭的“蜡笔小新”。

“哈哈哈！”小雷故作潇洒地仰天长笑，然后把刀递给了小满。

在小雷的感染下，小满也接过了刀，两人开始在停车场里搞起“艺术创作”。然而，这一切都被停车场的摄像头拍下来。

正当二人在一台雪佛兰上“创作”时，五六个保安从四面八方围堵了二人，并联系了警方、二人的父母及学校。

经过检查，二人共刮花了十三辆车，且每辆都露了底漆。除了那辆白色路虎外，被二人刮花的还有一台进口的迈巴赫，这十三辆车共造成了二十五万元的损失。

听到这个数字，小雷和小满立刻被吓傻了。由于二人是未成年人，其中一些车主选择了自行承担损失，但也有一部分车主坚持要熊孩子的家长赔偿。最后，车主、物业和二人家长经过协商，确定了物业因疏于管理赔偿车主们两万元损失，小雷家长承担十万元、小满家长承担八万元的决定。

协商完毕后，小雷和小满的家长狠狠地教育了两个熊孩子一顿。从这以后，小雷和小满再也没有刮过别人的车，平时的行为也收敛了不少，还断绝了与“社会大哥”的来往。

看来，这次二人的教训是买够了。

小检察官说法

如果未成年人故意刮坏车辆，则属于故意毁坏公私财物的违法或犯罪行为，可以报警处理。小雷和小满已满十四岁，但尚未到达十六岁，所以不用承担刑事责任，警方也不会对其进行拘留处理。如果二人达到十六岁，未满十八岁，可以酌情减轻刑事责任。但是，无论何种情况，二人的监护人都必须赔偿车主的经济损失。

小雷和小满属于故意损毁他人私有财产，且情节比较严重。在监护人对车主进行相应赔偿后，也要注意对孩子的关心和管教。当家长没有能力管教孩子时，政府则会介入。

知心信箱

同学们，这些类似行为也是违法的哟：
刻意毁坏他人私有物品；
刻意窃取他人私有物品，不问自取；
怂恿他人毁坏、窃取他人私有物品。

故意伤害——“我能把鞭炮扔到井盖里！”

情景再现

“你们就这么干放炮啊？真受不了，一点儿新意都没有。”小宇不屑地对几个小伙伴说道。小宇是一名十岁的小学生，因为总有新奇的点子而受到大家的欢迎。

这不，新年刚过，几个孩子还在燃放鞭炮。小宇也喜欢放鞭炮，但是他总想玩儿点新鲜的，让众人继续对自己刮目相看。

果然，小宇话音刚落，小伙伴们就围了上来，想看看小宇能出什么“奇招”。

只见小宇四下打量了一番，突然看见隔壁班的一个男生从远处走来。

这个男生曾在学校秋季运动会的跑步项目上以领先一步的微弱优势赢过小宇，从那以后，小宇对他十分敌视。

眼珠一转，小宇计上心来。

等到该男生靠近一个井盖时，小宇立刻将手中的鞭炮点燃后扔进了男生旁边的井盖口，然后跟小伙伴们笑等着看对方吓一跳的神色。

还没等众人反应过来，井盖就被鞭炮炸飞了五六米高，而井盖旁的男生当场就被炸得遍体鳞伤，道路两侧的行人也被波及。

看到眼前的一切，小宇和众伙伴都被吓傻了。由于目击者众多，小宇等人很快被控制住，学校和几人的家长也被传唤到了现场。一时间，原本安静的街区被警车、救护车封锁，到处都是伤者的呻吟声和家长孩子的哭声。

被小宇炸伤的男孩当场死亡，小宇虽被控制住，但却因未满十四岁而免受刑事处罚。可是，小宇父母被判处五十万元罚金给予死者家属，他自己也成了众人眼中的“杀人犯”。

一天之前，小宇绝对想象不到自己的人生竟然会有如此翻天覆地的变化。可是，事情已经做下，无论他如何懊悔都无法挽回男孩的生命。

他，一个年幼的孩子，将为自己的行为买单，并在众人指责和良心谴责中度过一生。

小检察官说法

根据《刑法》第二百三十四条明文规定：犯故意伤害罪的处以三年以下有期徒刑、拘役或者管制；犯故意伤害罪，致人重伤的，处三年以上十年以下有期徒刑；故意伤害他人身体，致人死亡或者以特别残忍手段致人重伤造成严重残疾的，处十年以上有期徒刑、无期徒刑或者死刑。

如果小宇已成年，那么迎接他的一定是至少十年的牢狱。可是，小宇未满十二岁，不用为自己的行为承担法律责任。即便如此，他也因为一时冲动犯下了蓄意伤害罪，这次事件也将成为他一生的阴影。

知心信箱

同学们，这些类似行为也是违法的哟：

对其他人拳打脚踢、恶语相向造成肉体伤害或精神伤害；

诽谤他人、无中生有，导致其他人受到伤害。

危害公共安全——“我能让火车停下来！”

情景再现

暑假到来了，浩浩非常兴奋，终于可以痛快地玩了。

可是没过几天，浩浩就开始厌倦了，自己一个人玩太没意思了。于是他便通过网上聊天约了几名同学，打算一起出去玩。几个人碰面后，先去了附近的肯德基买了汉堡和炸鸡，边走边吃，把垃圾扔得到处都是。这时候一个环卫工人提醒他们不要乱扔垃圾，却被浩浩怼了回去：“你是谁啊？你管得着吗？”

吃饱喝足之后，几个人商量去哪里玩，但是又觉得平常玩的游戏不够刺激。他们边走边讨论，不知不觉来到了铁路旁。这时，浩浩看到地上的碎石，随口说道：“你们猜，如果把石头放在铁轨上，火车走过后，石头会不会被碾碎呢？”“肯定能，火车那么重！”“不一定吧？”大家七嘴八舌地讨论起来。“不如我们去试验一下吧，总比这样瞎猜好玩。”这时候，有一个人提议道，瞬间获得了大家的认同。

于是，他们几个人从一处排水口处钻入铁路防护网，从地上找了几块碎石放到铁轨上，然后蹲在路边等待观察结果。

就因为他们的这一举动，两列列车被迫紧急停车。他们意识到了事情的严重性，正欲逃跑时，被铁路民警抓了个正着。最后鉴于他们未满十四岁，且未造成严重后果，铁路公安机关并未对他们进行处罚，只是批评教育并责令他们的监护人严加管教。

小检察官说法

案例中的几个孩子看似不严重的行为实际上已经违反了多条法律法规，虽然并未造成十分严重的后果，但行为无疑是十分恶劣的。

很多同学有这样的想法："我们还是孩子，犯了错最多也就被批评一下，又没什么大不了的。""我们还是小孩，警察是不会抓我们的。""犯罪什么的，离我们太遥远了。"这样的想法真是大错特错！

尽管考虑到未成年群体的特殊性，很多时候对于未成年人的一些轻微的违法行为并没有给予处罚，只是口头教育了一番，但这种法律给出的优待和宽容，是希望给尚且年幼的我们一个更正的机会，毕竟谁都有犯错的时候，但如果你把这种宽容当成法律对孩子的纵容，当成违法犯罪的免死金牌，那就大错特错了。很多犯罪行为，不管你是否成年都要承担后果，接受法律的制裁，甚至还会牵连家人。

text box

危害公共安全是一种恶劣的行为，情节严重的构成《刑法》中规定的危害公共安全罪。听到这个名词，同学们可能会觉得这样的罪名离自己太远了，实则不然，生活中乱闯红灯、破坏路灯信号灯、在铁路边随意走动等都有可能妨碍公共秩序，对公共安全造成危害。

“勿以善小而不为，勿以恶小而为之。”好的习惯要从小养成，坏的习惯要从小杜绝，不要总想着“搞破坏”，不要总觉得做什么都没关系。平常生活中多关注法律方面的知识，多了解“预防未成年人犯罪”的内容，正确看待自己的未成年人身份，学会分辨是非，做一个遵纪守法的好学生、好公民。

知心信箱

同学们，这些类似行为也是违法的哟：

因为好奇、无聊、恶作剧等原因妨碍公务；

长时间占用紧急停车道，对急需通行的警车、救护车、消防车等造成妨碍。

偷改志愿——“我觉得她适合上这个学校！”

情景再现

小绿是一名高三学生，从小时候起，她就一直渴望进入中央美院就读。到了高二，她一边苦攻美术，一边学习文化课。皇天不负有心人，小绿三次的模拟成绩都超过央美拟录取线五六十分。

跟小绿同为美术生的还有她的同班男生小志。小志虽然美术功底不错，但文化课却很差。他很喜欢小绿，也将央美作为自己的志愿学校而努力，奈何三次模拟成绩都比央美拟录取线低了将近一百分。班主任找小志聊天，婉言劝他放弃“八大美院”。

听说了小志的事情后，小绿也有些惋惜，但文化课也是美术生高考的重要部分，二人都无可奈何。

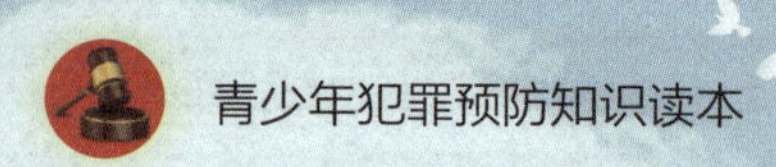

报志愿时，小绿毫不犹豫地选择了中央美院作为自己的第一志愿。很快，高考如期而至。小绿稳扎稳打，文化课考出了490分的好成绩，比央美录取线高出60分。就在小绿做好了去央美就读的准备时，另一所名不见经传的美院却给小绿打来了录取电话，并发放了录取通知书。

小绿当时就蒙了，爸妈也都惊呆了。几个人赶紧打开志愿填报网站一看，果然小绿的第一志愿是那所名不见经传的学校。小绿冷静下来回想，知道她学号的只有本班学生，而且在报完志愿后，小志曾旁敲侧击地问过自己的登录密码！

根据小绿的证词，警察很快查清了事情的真相。原来，小志一直喜欢小绿，在自己升入央美无望后，他便动起了歪脑筋，将小绿的志愿改成了自己报考的学校。

经过警察和学校老师的教育，小志认识到自己的错误，并真诚地向小绿道了歉。可是，小绿一家却并没有原谅小志，美术生原本就比正常升学的学子更辛苦，再浪费一年的精力和金钱去复读一年，对小绿来说无疑是一种沉重的打击。

最后，法院判决小志赔偿小绿的经济损失、精神损失及其他费用共计十三万元。

判决下来当天，小志跑去向小绿道歉，小绿冷冷地告诉他，自己永远都不会原谅他的荒唐行为。看着小绿伤心的样子，小志忍不住流下了懊悔的眼泪。

小检察官说法

我国公民依法享有受教育权，也依法享有自由选择教育机构的权利。小志骗取了小绿的登录密码，并擅自改动了她的高考志愿，这种行为不但破坏了高考秩序，也侵犯了小绿的合法权益。

在我国当前的高考体制下，当高考志愿被他人篡改后，受害者想要重新修改志愿几乎是不可能的。如果不能通过补录、特别优待等方法进入大学，就要被迫接受篡改后的事实，或者再复读一年重新报考。

小志因为想跟小绿在一起而篡改了对方志愿，结果不但让家庭蒙受了一笔经济损失，还给小绿造成了永久的伤害。这种损人不利己的行为，希望各位同学务必避免。

知心信箱

同学们，这些类似行为也是违法的哟：

扰乱高考环境，对他人造成影响；

将他人信息泄露给信息收购方，从而获取经济报酬。

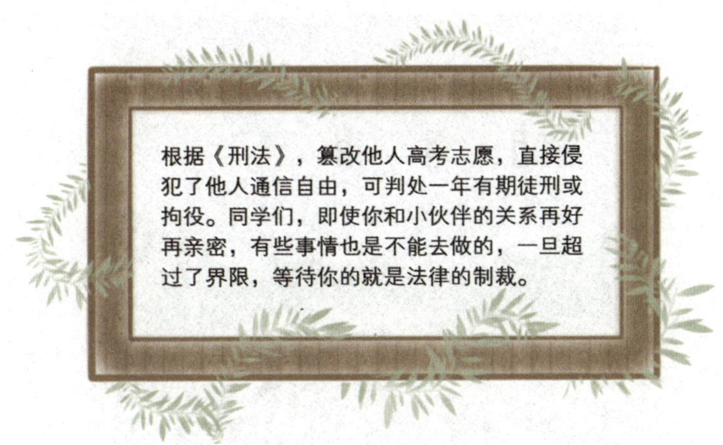

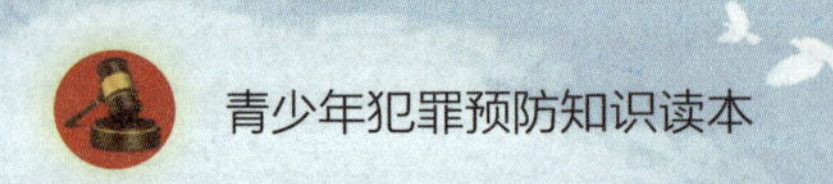

不守交规——“我真‘威风’，把汽车都逼停了！”

情景再现

“来，乖孙，从这儿走！”

小橙奶奶看人行道还挺远，于是拉着小橙冲到马路中间开始翻栏杆。小橙是市第一实验小学的三年级学生，由于爸爸妈妈工作忙，小橙一直跟着奶奶生活。

第一次翻栏杆，说实话小橙内心还是挺忐忑的，但看到路上司机纷纷害怕地躲开自己和奶奶，小橙又觉得很威风。有奶奶做“榜样”，小橙开始喜欢上“吓唬汽车”的“游戏”。

这天，小橙和几个小伙伴去公园玩。过马路时，其他小朋友都老老实实地站在斑马线后等绿灯，只有小橙“威风凛凛”地闯了红灯。

小橙的举动可把来往汽车都吓坏啦，正常行驶的汽车纷纷急刹，并用喇叭声给“威风”的小橙送行。小橙大摇大摆地过了马路，回头再瞧小伙伴们，大家都是一脸惊讶地看着自己。这下，小橙的虚荣心和表现欲获得了极大满足，以后更加肆无忌惮了。

第二天，小橙照例闯红灯过马路，谁知，马路口竟然有交警叔叔站岗。交警叔叔看见不守交规的小橙，立刻把她带离了马路，并通知小橙奶奶过来领人。

接到交警电话，小橙奶奶赶紧来到现场。谁知，小橙奶奶非但不接受批评，反而一上来就推搡辱骂交警，还满嘴“孩子小”“我是老太婆”“闯个红灯，翻个栏杆怎么了”“马路是你家开的”之类的无知语言。

看来小橙奶奶是教育不好孩子了，交警立刻与警方取得了联系。警察给小橙父母打了电话，如果小橙父母也是一样顽固不化，小橙将被送往收容所进行管教。

接到警方电话后，小橙父母立刻请假回来，对交警和警察真诚地道了歉，同时狠狠批评了小橙。在父母的教育下，小橙终于认识到自己和奶奶的行为是多么危险，多么愚蠢。

从这以后，小橙再也没有违反过交通规则。

小检察官说法

根据《道路交通安全法》的规定，小橙奶奶为图省事而翻越栏杆的行为是违法行为。按照《道路交通安全法》，交警可以对翻越栏杆的违法人进行当场罚款。而且，小橙奶奶的行为不仅是对自己生命的漠视，也是对小橙生命安全的不负责任。

小橙的闯红灯行为更不必说。每辆车都有盲点，小橙又是小孩子，司

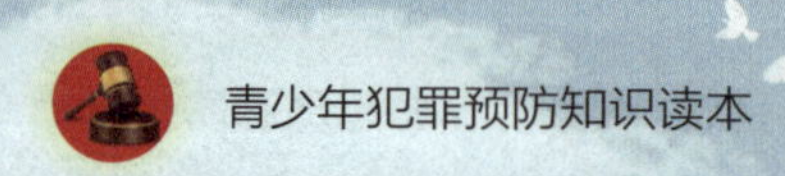

机尤其是大车司机在行驶时很难看到她。如果出现意外，小橙付出的将是生命的代价，小橙奶奶的“教育”也将毁掉自己和肇事司机的家庭。

文中，小橙奶奶不具备教育能力，如果小橙父母也是冥顽不化，那么政府将介入，把小橙送往专门的教管所进行收容教管，以免其日后危害社会。

知心信箱

同学们，这些类似行为也是违法的哟：

在高速公路上扔垃圾，造成后方车辆出现事故；

在机动车道上嬉笑打闹，影响车辆行驶；

教唆他人不守交规，破坏社会秩序治安。

生活中因为违反交通规则而发生交通事故的情况层出不穷，一个“简单”的闯红灯带来的可能就是生命的代价。俗话说“宁等三分不抢一秒”，不要因为赶时间，更不能因为觉得好玩威风而去破坏交通规则，同学们一定要牢记。

纵火——“敢玩儿火的才是真男子汉！”

情景再现

“走！兄弟们，咱们上山烤红薯去！”小鲁大声招呼着两个小伙伴。小鲁是×村一名十一岁的少年，平时不爱学习，就爱到处玩耍。眼看已是深秋时节，河水冰冷，下河游泳抓鱼是不可能了，于是小鲁就想到了烤红薯的“妙招”。

“鲁哥，俺爹说不能上山点火，要不就在院子里烤吧？”一名小伙伴建议道。

“你真是怂包。”小鲁不屑地说道，“成天就‘你爹说’‘你娘说’的，有没有点主见？是男人就跟我上山，要不就绝交，俺不跟怂包当兄弟！”

两个小伙伴被小鲁一激，纷纷撸胳膊挽袖子，表示要跟着上山“烤红薯”。

秋天的山风强劲，小鲁带的松木片、打火机等引火工具很难点着火。三个人围成一个圈，好不容易才把火点着，放进提前挖好的土坑里。谁知，火刚着起来就被大风刮得满地都是火星。秋天干燥，万物萧瑟，刹那间火星就点燃了周围的枯枝败叶，大火熊熊燃烧，三人吓呆了。

良久，其中一个小伙伴带着哭腔说道：“咱们完了！快，快找护林大队的来灭火呀！”

闻言，小鲁立刻说道：“不行！不能去，去了咱们就完了。咱们赶紧下山。你俩记住了，谁也不许把放火的事儿说出去！不然小心俺的拳头！”两个小伙伴六神无主，只能频频点头。三人立马下山，谁知刚走到半路，就被巡逻的护林员抓了个正着。

这场大火将山上几十亩地烧成灰烬，造成了几十万元的经济损失。经过审讯，三人对自己的行为供认不讳。最后，三人因未满十二周岁免于刑罚，但其监护人需要承担相应的经济损失。由于小鲁纵火情节严重，村里将小鲁列为重点观察对象。每当小鲁出门，总有人在他背后指指点点。虽然他因年龄小逃过刑罚，但纵火犯的帽子他是永远脱不掉了。

小检察官说法

小鲁三人犯了纵火罪，且造成了严重后果。如果三人满十四周岁，则需要承担相应的刑事责任；如果三人成年，则需处以至少三年有期徒刑的惩罚。不过，三人虽然逃脱了法律制裁，其家庭却需要为三人的行为买单。

小鲁并非无意识纵火，而是在拒绝他人劝阻后，有意识地上山纵火，因此情节比较严重。但考虑到小鲁主观上只是点燃了少量物品，没料到会引发如此严重的后果，所以属于主观恶性不大。

但是，周围人的谴责以及对其他两位小伙伴的家庭造成的损失，将成为小鲁的噩梦，也将敦促他时刻注意自己的行为。

知心信箱

同学们，这些类似行为也是违法的哟：

在禁止燃放烟花爆竹的地点放鞭炮，有可能引发大火，造成损失；

在禁山期间偷偷上山，并携带了易燃易爆物品。

私刻公章——“这个章威力大，我拿来玩玩！”

情景再现

小欧是第二中学的初三学生。可是，即将中考的小欧却没有丝毫学习兴趣，反而喜欢把心思用在歪门邪道上。

一次，小欧因为打碎了阶梯教室的玻璃而被叫到校长室。趁着校长打电话的机会，小欧偷偷将学校公章印在自己本子上，随后用橡皮刻了一个几乎一模一样的公章。有了公章，小欧脸上浮现出一丝坏笑：以后可以大展拳脚了！

小欧先去复印店打印了二十张停课证明，发放到初三的各个班级，同时，他又用家长手机冒充校长，给班主任打了电话，让班主任收取下学期教材费共三千二百元，同时，他还让班主任通知了其他班的老师，让大家将教材费打到所谓的“账户”上。

老师们万万想不到，这盖了公章的证明系一学生伪造的。于是，大家只好响应“学校号召”，一面收取了几万元的费用，一面给学生停了课。

拿到教材费后，小欧简直乐疯了。他立刻用这笔钱充值了游戏，还请社会上的几个朋友吃了饭。听了小欧的经历，这些“社会朋友”直竖大拇指，夸小欧“肯定有前途”。

就在大家推杯换盏时，警察却突然闯进包厢，众人没反应过来就被警察带走了。

原来，几个家长因不满学校对备考生的“停课规定”，特意找到校长商量此事，校长看着盖了公章的文件也是一头雾水。报警后，警方根据小欧班主任提供的手机号和账户，迅速确定了犯罪嫌疑人就是小欧，之后立刻展开了抓捕行动。

由于小欧已满十四岁，所以他将为自己的行为承担相应的刑事责任，并且接受法院的审判。经判决，小欧将被处以十五日拘留，骗得的钱财也将由小欧父母负责偿还。同时，小欧父母还需承担一千元罚款，并对小欧进行严厉管教。

从拘留所出来后，小欧终于认识到自己的行为并不是恶作剧，而是触犯了法律。可是，无论他如何后悔也来不及了，这个污点将伴随小欧一生。

小检察官说法

小欧的行为在学校造成了十分恶劣的影响。小欧已满十四岁，未满十六岁，需要承担相应的刑事责任。虽然法院因其未成年，认错态度良好，且小欧父母将公款补齐而予以减刑，但由于小欧情节较重，法院还是依法判其十五日拘留，并对小欧父母处以一千元罚款。

这几年犯罪的低龄化趋势逐渐加强，我国也拟定了不少关于未成年人的相关法律规定。小欧伪造学校公章，伪造组织公文、证件和证明文件的犯罪事实也将成为他人生的污点，并让他后悔终生。

知心信箱

同学们，这些类似行为也是违法的哟：
私自挪用公款，如班费、教材费等；
不问自取其他同学的东西。

第三章

及时止步，远离这些“不归路”

远离色情信息——不要为冲动付出沉重代价

情景再现

小光十五周岁，初中毕业，因为学习成绩不好，没考上高中，小光自己也不想再上学，于是就跟着打工的父母来到了其他城市。由于年龄还小，小光的父母没有让他去找工作，而小光在这里也没有玩伴，所以，父母上班期间，小光就窝在家里玩电脑。

有一天，小光正打着游戏，突然界面上弹出了一个穿着暴露的年轻女子的图片。好奇心很强的小光就点开了图片所在的网页，但网页似乎是有限制，小光只看了一小段便不能再看了。但是小光已经完全被吸引住了，于是上网搜索了相关内容，看到有人说“看碟片非常爽”。

晚上，小光去附近的广场吃饭，发现那正好有一个影碟店，店面非常破旧，小光本没有抱多大希望，但一进去就发现了很多自己想要的碟片。付了钱之后小光兴冲冲回到了家里迫不及待地看了里面的色情内容，之前从未接触过这种色情内容的小光立刻产生了生理上的冲动，心跳加速、呼吸急促，小光感到非常难受又觉得非常刺激。

接下来的几天里，小光都沉迷于色情碟片中，并又去碟片店买了多张。一天，刚看完碟片的小光，走到院子里时，脑海里还充斥着那些色情场面，这时候他看见和他一块玩过的隔壁女孩兰兰正在院子，还冲他喊道：“小光哥哥，我们一起玩吧。”听到这样的喊声，小光鬼使神差地走了过去，眼睛盯着兰兰露出的小腿，之后小光不受控制似的，将兰兰带到卧室，强行同其发生了关系。

事后，兰兰妈妈发现兰兰有些不对劲，便仔细询问女儿发生了什么事情。兰兰就把小光对自己做的事情告诉了妈妈，兰兰妈妈便立刻带女儿到医院进行了检查，随后向当地派出所报了案。

最终，小光被区法院以强奸罪判处有期徒刑两年，屡次向小光出售色情碟片的碟片店被依法吊销经营许可证，没收出版物和违法所得。

小检察官说法

例子中的小光因无法理性对待“成人信息”而一时冲动，犯下罪责，不仅使自己入狱，也使得兰兰受到了伤害。对于本案例中涉及的法律知识，同学们你们知道多少呢？

《预防未成年人犯罪法》第三十一条规定：任何单位和个人不得向未成年人出售、出租含有诱发未成年人违法犯罪以及渲染暴力、色情、赌博、恐怖活动等危害未成年人身心健康内容的读物、音像制品或者电子出版物。

第五十三条规定：违反本法第三十一条的规定，向未成年人出售、出租含有诱发未成年人违法犯罪以及渲染暴力、色情、赌博、恐怖活动等危害未成年人身心健康内容的读物、音像制品、电子出版物的，或者利用通讯、计算机网络等方式提供上述危害未成年人身心健康内容及其信息的，没收读物、音像制品、电子出版物和违法所得，由政府有关主管部门处以罚款。单位有前款行为的，没收读物、音像制品、电子出版物和违法所得，处以罚款，并对直接负责的主管人员和其他直接责任人员处以罚款。

《刑法》第十七条规定：已满十六周岁的人犯罪，应当负刑事责任。已满十四周岁不满十六周岁的人，犯强奸罪的，应当负刑事责任。已满十四周岁不满十八周岁的人犯罪，应当从轻或者减轻处罚。

第二百三十六条规定：以暴力、胁迫或者其他手段强奸妇女的，处三年以上十年以下有期徒刑。奸淫不满十四周岁的幼女的，以强奸论，从重处罚。强奸妇女、奸淫幼女，有下列情形之一的，处十年以上有期徒刑、无期徒刑或者死刑：（一）强奸妇女、奸淫幼女情节恶劣的；

（二）强奸妇女、奸淫幼女多人的；（三）在公共场所当众强奸妇女的；（四）二人以上轮奸的；（五）致使被害人重伤、死亡或者造成其他严重后果的。

第三百六十四条规定：传播淫秽的书刊、影片、音像、图片或者其他淫秽物品，情节严重的，处二年以下有期徒刑、拘役或者管制。向不满十八周岁的未成年人传播淫秽物品的，从重处罚。

案例中，出售色情碟片的商店虽不是小光犯罪的主导者，但也是其中一个重要因素，且出售色情音像制品本就是违法的，尤其是向未成年人出售，不但违反了《刑法》的规定，也触犯了《未成年人保护法》《预防未成年人犯罪法》中的法律规定。而小光的行为则严重侵犯了兰兰的人身权利，构成了犯罪，虽然小光还没有满十六岁，但是也一样要受到刑罚，为自己的行为付出代价。主观上来看，小光犯罪的主要原因是缺乏正确的性道德观念、性法制意识，不能抵御不良性信息的诱惑和侵扰，放任自己接受不健康的性刺激。

知心信箱

同学们，青春期是从童年期跨越到青年期的一个过渡，是生长发育最重要的一个环节，除了身高、体重快速增加外，也是性发育、性意识启蒙的关键时期。

青少年的性意识启蒙一般分为三个阶段：性抵触时期，在发育之初，总想躲避异性，以少女表现最为明显；仰慕阶段，少男少女会对周围环境中那些在体育、文艺、学识以及外貌上特别出众者（多数是同性或异性的年长者）产生仰慕爱戴之情；爱慕阶段，随着性发育逐渐趋于成熟，青少年开始对与自己年龄相当的异性产生兴趣，有可能出现早恋行为。

同学们，青春期是美好的，但也是“躁动的”，面对青春期的躁动我们该如何去做？如何宣泄青春期的性冲动？

首先，不要把遗精、初潮当作坏事，这是正常的生理现象，不要因此害羞或觉得丢人。

其次，对于课本上涉及的发育方面的知识要本着健康的心态去了解学习。

当遇到青春期问题时，可以和家长沟通，也可以向计生机构、法律与心理咨询服务中心、学校心理咨询处等寻求帮助，通过正规渠道获取性生理、心理方面的科学知识。

总之，同学们要本着积极健康的心态了解性方面的内容，培养性道德意识，增强性法制观念，认识到不良性行为的危害性，自觉抵制不良性诱惑，培养有益于身心发展的兴趣，积极参与文体活动。

同学们，青春期是性发育、性意识启蒙的关键时期，这时候的你们尤其是男同学会产生一些与“性”相关的困惑和需求，也许会通过一些方式去探索和满足。然而，很多时候你们通过网络或者不健康的书籍、影片获得的信息是露骨的、不正规的，并不能给予你们正确的引导，还会使你们误入歧途，使用不道德的、违法的方式释放自己的性冲动，最终酿下大错。

远离不良游戏——一场游戏引发的血案

情景再现

大刚，十六周岁，是网络游戏的资深爱好者。

一天，大刚在网吧里玩一种时下非常流行的“用刀暴力捅人”的游戏，但由于技术不高，总是被对手“捅倒在地”，这让大刚很是郁闷。而这时在大刚旁边的两位少年小顾（十五周岁）和小孟（十五周岁）也在玩同一种游戏。他们玩得非常熟练，见大刚技术欠佳，便忍不住冷嘲热讽起来，两人你一句我一句，彻底惹怒了大刚。大刚火冒三丈，站起来就抓住了小顾的衣领，三人便扭打起来。此时，已经被不良游戏洗脑的大刚从口袋中拿出一直携带着的匕首向小顾捅去，小顾当场死亡，小孟见状吓得跌跌撞撞跑了出去。

随后，大刚居然若无其事地坐回电脑前，依旧沉迷在暴力游戏中。

不久，警察接到网吧工作人员的报警赶到现场。直到看到警察出示的证件，大刚才猛然惊醒，问道：“我是不是杀人了？会不会坐牢？”

大刚虽未成年但已满十六周岁，故意伤人致死应负刑事责任，被人民法院依法判处有期徒刑十年，不仅大好的青春要在监狱中度过，更为人生留下了一个不可磨灭的污点。

出言挑衅、参与打架的小孟也被公安机关依法予以治安处罚，并责令其父母严加管教。

小检察官说法

两个原本美好的家庭就这样被一刀断送了，而小孟虽然没有受到严重的伤害和惩罚，但这件事将成为他心中无法释怀的阴影，可以说三个少年最美好的年纪都被鲜血染上了黑暗的色彩。

《预防未成年人犯罪法》第十四条第二款、第三款规定：未成年人的父母或者其他监护人和学校应当教育未成年人不得有携带管制刀具、打架斗殴、辱骂他人等不良行为。

第三十七条规定：未成年人有本法规定严重不良行为，构成违反治安管理行为的，由公安机关依法予以治安处罚。因不满十四周岁或者情节特别轻微免予处罚的，可以予以训诫。

第三十八条规定：未成年人因不满十六周岁不予刑事处罚的，责令他的父母或者其他监护人严加管教；在必要的时候，也可以由政府依法收容教养。

《治安管理处罚条例》第二十二条规定：公然侮辱他人或者捏造事实诽谤他人的，尚不够刑事处罚的，处十五日以下拘留、二百元以下罚款或者警告。

《治安管理处罚法》第四十二条规定：公然侮辱他人或者捏造事实诽谤他人的，处五日以下拘留或者五百元以下罚款；情节较重的，处五日以上十日以下拘留，可以并处五百元以下罚款。

第四十三条规定：殴打他人的，或者故意伤害他人身体的，处五日以上十日以下拘留，并处二百元以上五百元以下罚款；情节较轻的，处五日以下拘留或者五百元以下罚款。

《刑法》第十七条规定：已满十六周岁的人犯罪，应当负刑事责任。已满十四周岁不满十六周岁的人，犯故意杀人、故意伤害致人重伤或者死亡、强奸、抢劫、贩卖毒品、放火、爆炸、投放危险物质罪的，应当负刑事责任。已满十四周岁不满十八周岁的人犯罪，应当从轻或者减轻处罚。因不满十六周岁不予刑事处罚的，责令他的家长或者监护人加以管教；在必要的时候，也可以由政府收容教养。

第二百三十三条规定：过失致人死亡的，处三年以上七年以下有期徒刑；情节较轻的，处三年以下有期徒刑。

第二百三十四条规定：故意伤害他人身体的，处三年以下有期徒刑、拘役或者管制。犯前款罪，致人重伤的，处三年以上十年以下有期徒刑；致人死亡或者以特别残忍手段致人重伤造成严重残疾的，处十年以上有期徒刑、无期徒刑或者死刑。

案例中的大刚虽未满十八岁属于未成年人，但根据法律规定十六周岁为完全负刑事责任年龄，因此大刚与人发生冲突，致人死亡，应当负刑事责任；而小孟虽然没有致人伤残，但其无故侮辱他人，参与斗殴的行为也违反了法律规定，被处以治安处罚。这就告诉同学们不管年龄大小，只要犯错就会受到惩罚，且要按照错误的严重程度付出代价。

根据《刑法》规定，未成年人的刑事责任年龄分为三个阶段。

1. 完全不负刑事责任年龄阶段：不满十四周岁

一般来说，不满十四周岁的人尚处于幼年时期，还不具备辨认和控制自己行为的能力，即不具备责任能力。因此法律规定，对不满十四周岁的人所实施的危害社会的行为，一概不追究刑事责任，但有时需要负民事责任，如物质赔偿、精神损失费等，必要时可依法责令其家长或监护人严加管教，甚至交由政府收容教养。

2. 相对负刑事责任的年龄阶段：已满十四周岁不满十六周岁

根据我国《刑法》第十七条的相关规定，已满十四周岁不满十六周岁的人，犯故意杀人、故意伤害致人重伤或者死亡、强奸、抢劫、贩卖毒品、放火、爆炸、投毒罪的，应当负刑事责任。

3. 完全负刑事责任年龄阶段：已满十六周岁不满十八周岁

已满十六周岁不满十八周岁，对所有的犯罪都应负有刑事责任，但应当根据情形从轻或者减轻处罚。

在未成年人当中，会根据不同的年龄段，给予不同的处罚。如果未满十四周岁的话，是完全不用负刑事责任的，但是这并不等于不用承担民事责任，受害者可以请求对方赔偿损失，并且可以请求精神损害赔偿，如果被告人的财产不足赔偿的话，那么家长作为监护人应当进行赔偿。而已满十四周岁不满十八周岁，法律规定不能处以死刑，从轻或减轻处罚，但从轻也是在法定刑内轻判，减刑也是在法定最低刑下判处。

知心信箱

很多网络游戏为了吸引玩家，往往在游戏中夹杂着大量暴力、色情、低俗等不良内容。而青少年由于心智不够成熟很容易受其影响，造成不良

后果。同学们，你们正处于一个“青春热血”的时期，易激动、易愤怒、爱讲兄弟义气、好打抱不平，这些都是你们青春期的特殊符号，但不要受到不良影响，不要让它们成为伤害他人、扰乱社会治安、促使自己走上犯罪道路的罪魁祸首。

另有一点不可忽视，那就是案例中的大刚随身携带匕首。《治安管理处罚法》中规定，对于非法携带管制刀具的人，即使未造成任何后果，也要给予治安处罚。虽然对待未成年人法律秉承着更宽容的原则，但刀具本身就具有威胁性，再加上青少年易冲动、自控力差，就更容易造成严重后果，就像案例中的大刚。所以为了自身的安全，也为了社会秩序和他人的安全，同学们一定不要携带管制刀具。

最后，对待网络游戏尤其是不良游戏一定要保持距离，理智对待，不要一味沉迷其中，让游戏主导自己的生活。

远离不良团伙——小伙伴之间的“秘密”

情景再现

十五岁的阿炯经常到网吧里打游戏，虽没有完全沉迷网络世界，但逃课是常有的事情，他也因此结识了几个经常泡在网吧里的哥们儿，他们在一起组队打游戏的过程中逐渐熟络起来。这几个人都比阿炯年龄大，常带阿炯去见识一些“新鲜”事物，阿炯也很喜欢跟他们一块玩。一天，他们中的一个人手里拿着一张CD往阿炯眼前一晃：“小老弟，带你见识点刺激的。”阿炯瞟见了封面上似乎是几个穿着暴露的女人，他突然有种异样的感觉，很好奇是什么，便同几个“大哥哥”去了其中一人家里。他们把窗帘拉好后，兴致勃勃地等待着，终于色情画面出现了，从未见到过这种情形的阿炯产生了一种前所未有的感觉。

几人看完之后出来吃饭，走到一个偏僻的地方，碰到了两个年龄相仿的女孩子，遂起邪念，对两人实施殴打并强奸，阿炯在几个大哥的带领下也参与其中，最终几人被以强奸罪逮捕。

小检察官说法

案例中的阿炯不好好上学，混迹社会加入不良团伙，原本以为逃次课没什么的他，就这样一步一步走上了邪路。

《预防未成年人犯罪法》第十四条规定：未成年人的父母或者其他监护人和学校应当教育未成年人不得有下列不良行为：（一）旷课、夜不归宿；（二）携带管制刀具；（三）打架斗殴、辱骂他人；（四）强行向他人索要财物；（五）偷窃、故意毁坏财物；（六）参与赌博或者变相赌博；（七）观看、收听色情、淫秽的音像制品、读物等；（八）进入法律、法规规定未成年人不适宜进入的营业性歌舞厅等场所；（九）其他严重违背社会公德的不良行为。

第十五条规定：未成年人的父母或者其他监护人和学校应当教育未成年人不得吸烟、酗酒。任何经营场所不得向未成年人出售烟酒。

第十六条规定：中小学生旷课的，学校应当及时与其父母或者其他监护人取得联系。

第十七条规定：未成年人的父母或者其他监护人和学校发现未成年人组织或者参加实施不良行为的团伙的，应当及时予以制止。发现该团伙有违法犯罪行为的，应当向公安机关报告。

案例中的几个少年走上犯罪道路的很大一部分原因就是缺乏正确的性引导和性教育，而阿炯除了这一点外，还有交友不慎，缺乏判断能力，容易受到蛊惑等原因。

处于青春期的孩子们，喜欢讲“义气”，有浓厚的小团体意识。它最大的特点就是只讲交情，不讲是非。很多犯罪团伙就是建立在这种“义气”的基础上的。俗话说得好，“近朱者赤，近墨者黑”，远离不良小团体，其实是在对自己的人生负责，避免自己在狐朋狗友的影响甚至诱惑下走入歧途。

知心信箱

青少年心理发育还处于不稳定期，一旦加入不良团伙，并被其利用，会对社会造成比较大的危害。

青少年要远离不良团伙，就要从多方面严格要求自己。在生活、学习中遇到困难挫折，不要气馁。因为从某种意义上讲，这些困难和挫折会带给你不少收获，你战胜它、克服它，智慧就在战胜困难中逐步积累。

青少年不要与不良的玩伴结伙玩耍，更不能被人教唆参与团伙犯罪。一些不良团伙往往是致使青少年犯罪的诱因，参与这些团伙，不是自己被侵害，就是自己侵害别人以至沦为罪犯。青少年不要贪图他人的小恩小惠，很多犯罪团伙多利用这种手段引诱青少年上圈套，以致受到不法侵害的屡见不鲜。

青少年要远离不良团伙还要做到“三不”——不逞强、不报复、不涉险。不逞强就是不要因一些鸡毛蒜皮的小事，就争得面红耳赤，大打出手；当自己受到不法侵害时，不要私下寻求报复，更不能为了报复就寻求不良团伙的帮助，最妥当的做法就是寻求家长、老师的帮助，或者及时报警求助；不涉险，就是远离一些犯罪的高危场所或者潜在场所，比如一些不适合未成年人出入的娱乐场所。

远离网络贷款——“裸条贷”少女的惨痛经历

情景再现

2017年4月，十七岁的女孩小莉因没有能力偿还所借高利贷，被介绍至从事校园裸贷的王某、卢某处，王某和卢某要求小莉手持身份证拍裸照，并从事卖淫活动才能借款，急需用钱的小莉无奈之下便答应了。

在借款没有还清期间，小莉在王某等人的控制下卖淫数次，所得钱款作为贷款利息装进了王某的口袋。小莉此时还没有明白，所谓的贷款金额、利息都是他们这些放贷团伙随意计算出来的，他们的目的也不是赚取利息，而是让贷款人成为他们的赚钱工具。

2017年6月，小莉原本的贷款即将还清，但王某又以还款超期为由，迫使小莉还款3.8万元，若不还钱就要将她的裸照散布出去，小莉别无他法，只好继续卖淫。

还款无望的小莉，心中也萌生了邪念，恰好这时她的一位小老乡小张打算到她所在的城市找工作，小莉便假意答应帮小张介绍工作，随后让王某驱车将小张接了过来。

年仅十四岁的小张涉世未深，就这样被带入了卖淫团伙。据悉，小张虽然缺钱但没有任何贷款，起初并不同意卖淫，然而经不住王某等人的诱惑、恐吓和逼迫，只得参与其中，小莉则因此获得了介绍费，此后她还协助王某等人敲诈勒索小张的男友。

最终，以王某为首的犯罪团伙被警方抓获，主要成员均获刑和罚款，而原本是受害者的小莉也因协助卖淫及参与敲诈勒索构成犯罪，被判处有期徒刑一年。

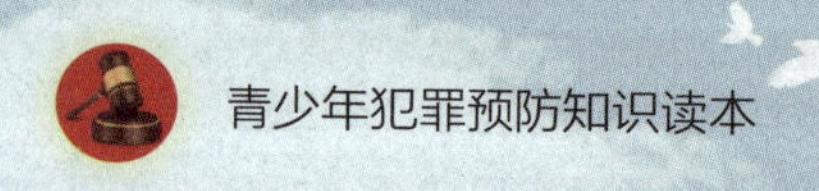

小检察官说法

对于上述案件，承办该案件的检察院未成年人刑事检察处的裴处长说道："王某、卢某等人以民间借贷为幌子，招募年轻女孩来借钱，再以裸照、身份证威胁和控制她们从事卖淫活动，还对她们及其亲戚朋友进行敲诈勒索，情节非常恶劣。组织卖淫比一般犯罪行为更具社会危害性，促使卖淫嫖娼活动蔓延，严重破坏社会风气和金融市场秩序。"

一般情况下，未成年人为裸贷的受害者，但是本案例中的小莉，在短短几个月的时间内竟从受害者变成加害者，融入了犯罪团伙当中，不仅拉自己的老乡下水，还参与敲诈勒索，可见，裸贷不仅仅是伤害自己的行为，也是走上犯罪道路的源头。

现实中，因"裸贷"走上犯罪道路的青少年并不在少数。他们借款后不敢告诉家人朋友，害怕隐私信息被散布，为了还清贷款就去做一些违法的事，比如盗窃、诈骗、卖淫、抢劫等，还有的因承受不起压力而选择自杀。

当然，从受害者的角度来看，也有很多值得反思的地方。那些受害的女孩为了借到钱不惜越过自己的身体底线、道德底线，这既是心智不成熟、社会经验不足的体现，也是价值观、道德观不正确，缺乏法律意识的结果。

知心信箱

近年来，高利贷、裸贷在未成年人群中越来越盛行，究其原因，在于未成年人心智不成熟，容易受到物质诱惑，没有社会经验容易被别有用心之人利用，缺乏正确的价值观、道德观以及法制观念。

比如很多女孩受到美容整形广告的影响，为了凑够高昂的整容费用而去贷款；有些未成年人看到身边的人穿名牌衣服，使用名牌手机，不由得心生羡慕，为了购买超过家庭经济支撑的物品进行贷款；还有的沉迷网络，贪图享乐，为了满足自己“不劳而获，过上高端生活”的想法而选择贷款……

很多人只图一时之乐，不顾后果地触碰高利贷、裸贷，从而一步一步地走向深渊。对于这种明显有问题的贷款产品，应当远离，牢记高利贷碰不得。

对于未成年人而言，万一沾染上了高利贷应该怎么办呢？

要知道一味屈从于放贷人，只会越陷越深，越欠越多，也更容易走上犯罪道路。很多女孩因受不了精神折磨而选择自杀轻生，这也是下策。

根据法律规定，高利贷是不受法律保护的，而裸照作为抵押物违背了最基本的公序良俗原则，也根本不在法律规定的抵押物范围内。

所以，平常要多学习法律知识，培养法制观念，不去触碰危险事物，而一旦沾染高利贷，最好的办法，就是多了解相关的法律常识，用法律武器保护自己，从深渊中尽快抽离。

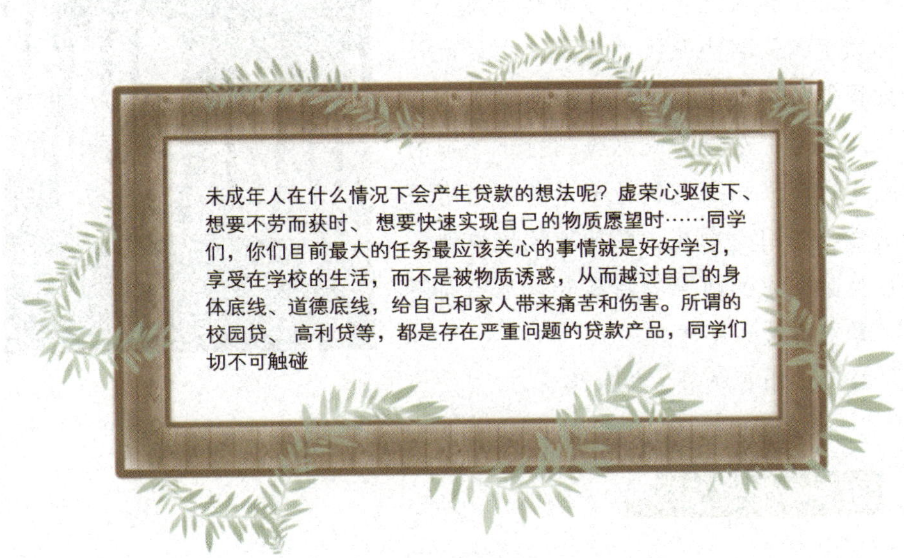
未成年人在什么情况下会产生贷款的想法呢？虚荣心驱使下、想要不劳而获时、想要快速实现自己的物质愿望时……同学们，你们目前最大的任务最应该关心的事情就是好好学习，享受在学校的生活，而不是被物质诱惑，从而越过自己的身体底线、道德底线，给自己和家人带来痛苦和伤害。所谓的校园贷、高利贷等，都是存在严重问题的贷款产品，同学们切不可触碰

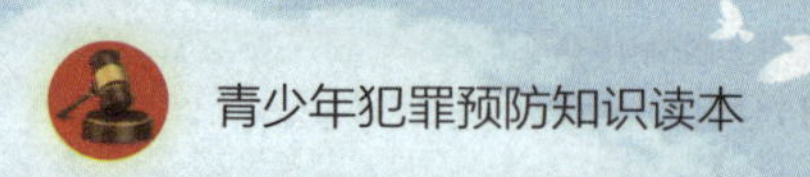

远离暴力影视——模仿影视情节暴力犯罪

情景再现

十三岁的小林，家在农村，父母老来得子，尽管家庭不富裕，对他却娇纵异常。小林也由此养成了好吃懒做、贪图享乐的习性，他从六岁开始就有了小偷小摸的毛病，经常从家里偷偷拿钱去买东西、上网。

随着年龄的增长，小林更无心学习，到小学六年级就辍学在家。没有了学校教育的小林更加我行我素，父母也束手无策。

一天，待在家里看电视的小林，被剧中“绑架有钱人的孩子，勒索巨额赎金”的情节吸引住了，这给了正发愁没有门路弄到钱的小林启发。小林仔细想了想，把目标锁定到同村小孩阿龙身上，之后便开始盘算如何实行自己的罪恶计划。

几天后，小林将阿龙骗到村子外围的树林中，然而按照电视情节中的手法用一根旧拉链将阿龙勒死，并就地挖坑掩埋，最后携带阿龙的随身物品离开，准备向阿龙父母进行敲诈勒索。

最终，小林被警方抓获。

小检察官说法

案例中的小林，为获取财物绑架杀害他人，其行为已构成犯罪，但其犯罪时未满十四周岁，因此无须承担刑事责任，但其监护人即父母需要对此承担民事赔偿责任，给受害人家庭经济赔偿，小林因行为恶劣而被政府收容所教养。

《刑法》第十七条规定：已满十六周岁的人犯罪，应当负刑事责任。已满十四周岁不满十六周岁的人，犯故意杀人、故伤害致人重伤或者死亡、强奸、抢劫、贩卖毒品、放火、爆炸、投毒罪的，应当负刑事责任。已满十四周岁不满十八周岁的人犯罪，应当从轻或者减轻处罚。因不满十六周岁不予刑事处罚的，责令他的家长或者监护人加以管教；在必要的时候，也可以由政府收容教养。

我国法律对待未成年人采取的是“教育为主，惩罚为辅”的原则，本意是给未成年人改过自新、重回社会的机会，但很多未成年人却把这当作“法律的漏洞”，抱着“我还没满十四岁，犯罪不用承担责任”“我还没成年，犯罪也没事”的想法，自作聪明地钻法律的空子，殊不知这是一种极其错误且愚蠢的想法和行为，一方面法律虽然从宽但不会姑息每一个有罪之人，另一方面你的自我放纵是害人害己，甚至会毁掉自己的一生。曾有这样一个真实案例，犯罪人在十二岁时，曾因为故意伤害他人而被收容教养，重获自由后因无法融入社会再次犯罪，而这一次他已经成年，因屡教不改从重处罚，余生都只能在监狱中度过。

知心信箱

青少年正处于一个爱模仿的年纪，对所获取的信息模仿能力较强，但因为心智发育不成熟，判断识别能力很弱，盲从心理严重，主要体现在以下三个方面：一是对现实中身边人的行为进行模仿；二是对明星偶像狂热追捧，模仿他们的行为；三是效仿小说、电影、电视剧中的情节。

而现在这个时代，信息载体又如此之多，电视、手机、电脑作为常用的信息传播和娱乐工具，对人们的思想、观念、情操都有很大的影响。一些青少年甚至将影视剧、游戏作为自己的精神寄托，以缓解自己在现实中的孤独和压抑。再加上缺乏管教和正确的引导，就很容易产生模仿心理，而走上犯罪道路。

上述案例中的小林，因为父母的娇纵和疏于管教以及不认真接受教育，而形成了不正确的人生观、价值观、社会观，缺乏法律意识，盲目模仿，为钱而践踏他人的生命。

同学们，我们应当认真履行未成年人的职责，完成义务教育，努力学习科学文化知识，提高自身识别力，明辨是非。

在接受信息的过程中，除了他人的正确引导和教育外，未成年人自己也要理智，尽量远离有暴力倾向的信息，即使接触也要本着“如何预防和避免”的想法，获取积极的一面。

远离酒精——不该饮酒的孩子们

情景再现

小张、小王、小李是某职高的学生，一天三人到学校附近的小张家吃饭，其间喝了很多酒。天色将黑，越喝越兴奋的三人打算出去找点乐子。他们勾肩搭背趔趔趄趄地走到了学校后门，恰好遇到了因有事晚回家的大亮。小张上前看清是大亮后，对身后的两人说，他和大亮有过节，之前大亮让他当众难堪，今天得好好教训他。

于是三人将大亮拖到荒僻处，先是对大亮拳打脚踢，后又携棍棒殴打其头部，持续追打数个小时，最终导致了大亮的死亡。

看到死了人，三人顿时酒醒。小王和小李一窝蜂跑回了自己的家里，小张在确认了大亮死亡后将其掩埋，随后才回了家。

案例解析

小张、小李、小王三人故意非法剥夺他人生命，侵犯了他人生命健康权，其行为已构成故意杀人罪，犯罪性质恶劣，情节十分严重，依法以故意杀人罪被判处刑罚。

在案件的后续审理中，法院对三人的家庭、学校及个人状况进行了社会调查，以了解其犯罪原因。

据了解，三人均刚满十六周岁，虽然平时在学校里吊儿郎当，有过不遵守纪律的情况，但并没有打架斗殴的前科。其次三人性格虽有些内向，但也都没有明显的对社会不满的倾向或者自卑自负的情绪。综上整理得出三人犯罪的主要原因：

其一，因酒精刺激导致情绪激动，意气用事；

其二，法制观念薄弱，不懂得尊重生命；

其三，对人际交往缺乏认识，不会正确地处理人际矛盾。

其中，最为关键的就是第一条。酒就像兴奋剂，酒精刺激会引起大脑皮层兴奋导致情绪激动进而引起失控状态，从而做出一些出格的事情。

知心信箱

同学们，我们尚未成年，身体各方面发育不完全，喝酒会阻碍我们的发育，造成的伤害远比成人大，尤其是对脑细胞的损害。喝酒对我们的大脑发育极为不利，轻则导致注意力不集中，学习效率低，重则引发交通事故或像上述案例一样的恶性事件，对他人和自己的生命造成威胁。

《未成年人保护法》中有一条规定是禁止向未成年人出售烟酒，这意味着未成年人在外就餐

聚会时，即使有喝酒的需求，饭店商家也不得向其提供，而在家时，则需要监护人进行约束。

尽管法律如此规定，但很多时候人们对未成年人饮酒都不够重视，而且父母也不能够时时刻刻盯着我们，所以，作为未成年人的我们更要学会自我约束，远离酒精，做到以下几点：

1. 不去酒吧等人员杂乱的休闲娱乐场所；

2. 拒绝他人的“约酒”，拒绝聚会饮酒；

3. 不因好奇而小尝一口，不受他人怂恿；

4. 了解有关未成年人饮酒危害的相关知识。

未成年的我们应当养成良好的生活习惯，培养多种兴趣爱好，多参与体育活动，与同学友好相处，出现矛盾及时解决，郁闷不快时找好朋友或老师倾诉，不要憋在心里，多了解心理方面的知识，进行自我调节。

不要沉迷网络——砍伤亲人的小孩

情景再现

小炎今年十七岁，辍学在家，无业游民。

小炎原本学习还不错，但自从沉迷于网络世界后，成绩陡然下降，他再也无心学习，死缠烂打、软磨硬泡下征得父母同意辍学。

由于担心小炎整天泡在网吧，妈妈就让他在家经营一所小超市，并答应按时给他零用钱。谁知，每次一拿到钱的小炎就会找借口溜出去，泡在网吧里。后来，妈妈得知了这种情况，便不再给小炎零用钱。家里不给，小炎就想到了偷，他先是偷了爸爸的几百元在网吧待了三天，后来又隔三岔五从超市柜台里拿钱。几次之后，父母有所察觉，便对小炎教育了一番，可小炎并没有将父母的话放在心上，依旧我行我素。时间一长，父母

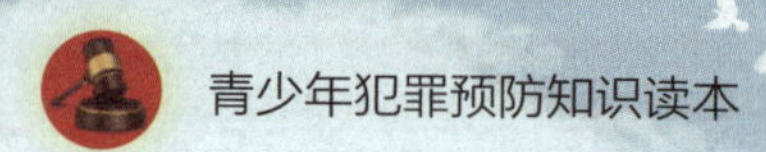

也无能为力，他们的说教打骂对于小炎来说已经起不到任何作用。

那天，小炎因为没钱便从网吧回到了家里，网瘾就像虫子一样侵蚀着他的内心。他想从家里偷钱，可是父母已经开始防范，把钱都锁了起来，他脑子一转想到爸爸前几天刚给了奶奶一些钱。晚上，等爷爷奶奶都睡了，他便悄悄起来去翻奶奶的钱包，正在这时，奶奶被惊醒从床上坐了起来，小炎一心想着偷钱，拿起菜刀就把奶奶砍伤在地，随后不顾爷爷的喊叫，冲出家门扬长而去。

最终，小炎的奶奶经抢救无效离世，小炎也被依法逮捕，处以刑罚。

小检察官说法

案例中的小炎因为上网而把自己的奶奶砍伤致死，这听起来像天方夜谭，实际上就是生活中真实发生的事情，而悲剧的元凶竟然是网络。

大家应该知道，人在兴奋时，大脑会分泌一种让人产生快乐的物质，叫作“多巴胺”。但这种物质并不是源源不断的，若长时间处于兴奋状态，其分泌水平就会降低。

大多数孩子上网追求的就是多巴胺带来的快乐感。上网，大脑分泌多巴胺，感觉到舒适；不上网就会焦虑和烦躁，久而久之就会网络成瘾。而上瘾之后，由于长时间的上网，多巴胺会逐渐透支，感觉也将从快乐转变为麻木，最后的结果就是，无论上网与否，都会感到焦虑和烦躁。长期处于这种状况下，孩子就会变得消极悲观，心理出现问题，甚至产生暴力倾向和心理变态，最终走向犯罪。

知心信箱

未成年的孩子有着强烈的好奇心和求知欲，喜欢未知和新鲜事物，包容万象的网络恰好能够满足他们的需求。如果只是本着这样的想法去学习和探索无可非议，但是很多孩子却在这过程中过度沉迷，染上网瘾。这是为什么呢?

一般情况下，沉迷上网的孩子主要有两种表现，一是网上聊天，二是打游戏。孩子网络成瘾不仅仅是孩子本身的问题，也与周围的环境相关。

其一，逃避痛苦的错误方式。

这种痛苦主要来源有两方面，一是家庭方面，二是学校方面。

家庭方面，比如感受不到父母的关爱，尤其是父爱的缺失；父母关系紧张，夫妻关系和亲子关系不够融洽；父母溺爱或者控制欲太强等。学校方面，比如成绩不理想，和同学产生矛盾，被排挤、被嘲笑、被批评，过分竞争攀比名次等。

这些都会让孩子感受到痛苦压抑，想要通过一种途径进行发泄，就像很多成年人为了缓解压力饮酒一样，一些孩子选择的就是上网。

其二，是孩子需求的体现。

许多真实案例表明，沉迷于上网的孩子在现实中往往是孤独的、缺少陪伴的、没有乐趣的，现实生活无法满足他们的需求，就会通过虚拟世界来达成。

其三，弥补自己在现实中的缺憾。

每个人都不是完美的，但是孩子由于年龄小，阅历不足，可能在某些时候无法正确认识自身的缺点，而网络世界可以屏蔽现实中的缺点，以及不想面对的问题，能够实现很多我们在现实中无法完成的事情。

比如，生活中害羞内向、不善言辞的人在网上可以成为社交达人；身材不够强壮、软弱的人可以通过网络游戏里的角色，成为一方霸主；外貌不够出众的人在网上可能成为万人迷。显而易见，网络能够让人体验到前所未有的快乐。

其四，网络游戏、社交软件的盛行和“人性化”设计。

网络游戏既能满足自主操作、尝试、创新、冒险、过关的成功快乐体验，又会因为成功而得到鼓励和奖赏，不断强化上网的动机，更重要的是，网络活动不会像现实活动那样失败后要承担责任，受到批评和惩罚。

针对以上原因，防止沉迷网络的方法，除了父母的监督教育、以身作则外，未成年人自己也要做到以下几点：

1. 多和父母沟通。不管是在生活中还是在学校中遇到的问题，不要埋在心里，多向父母倾诉。如果你的父母不称职，难以沟通，首先要理解父母的难处，其次要心平气和地提出自己的意见和愿望，希望父母有所改变。如果还是无济于事，也不要把父母的问题加持在自己身上成为心理负担，可以找老师、小伙伴、其他亲人进行沟通交流。

2. 远离网吧，规定上网时间。不要想着去一次没关系、玩几把游戏没什么事，网瘾都是逐渐形成的，尤其是网吧，在那样的环境下更容易成瘾，最好的办法就是产生物理距离，不进入、不接触。

3. 培养多种兴趣，多参加活动，多与他人交往。当你的现实生活丰富多彩时，就不会想着通过网络获取快乐，且这样产生的乐趣是无穷尽的，正向循环的，越是抱着积极向上的态度生活，就会越幸福快乐。

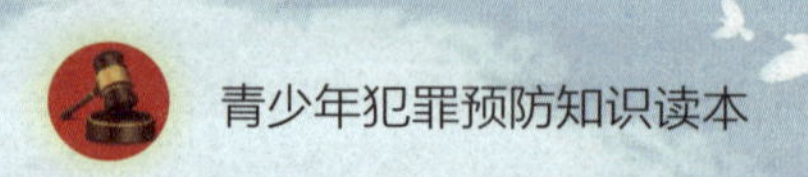

4. 学会调节压力，采用合适的渠道发泄不快。每个人都会产生压力，不管是什么职业、什么身份，压力和痛苦都是存在的，重要的是你如何看待它，如何释放和调节，比如可以在空旷的地方大喊，可以写日记，可以跑步，可以捏压力球，等等，完全没有必要依赖虚拟世界。

不归路从逃学开始——一个“失足少年”的自述

情景再现

上小学的时候，我就和几个成绩不好的同学成了哥们儿，我们也不学习，天天就是玩，捉弄别人。有几次，我跟家里要钱，爸爸妈妈不给，次数多了我就烦了，干脆趁他们不注意的时候，自己从家里偷拿钱。后来有一次，被临时回家的妈妈发现并揍了一顿，之后我就变得更小心了。

上了初中之后，我们几个又开发了新的娱乐项目，那就是上网。由于离家远了开始住校，脱离了家庭管束，我们就更疯狂了，旷课都是家常便饭，有时候还会夜不归宿。老师经常找我们谈话，但对我们没什么用，后来就叫家长，我爸爸妈妈也只会吼我两句，打几下，对我来说没什么影响，还是我行我素。

我们上网的钱先是用自己的生活费，偶尔回家偷偷拿点，最后实在不行了就开始抢同学的。

抽烟、喝酒、上网、打架、打游戏、看小电影……这就是我们每天的生活，我觉得非常快乐和潇洒，但老师却经常说我们已经没救了。

有一次，我一个兄弟的女朋友被人“调戏”了，我们就带着几个好哥们儿，拿着刀去找那个人报仇，最后被警察抓进了监狱……

现在的我才明白曾经的自己是多么愚蠢，所谓的江湖义气、潇洒是多么可笑，以至于把大好年华都浪费掉。我已经很久没有在蓝天下自由地奔跑了，真怀念自由的感觉……

小检察官说法

案例中的失足少年就是从不规范的行为开始，一步步走上了犯罪道路的。从例子中也可以看出来，他走到这般地步，除了自身原因之外，其父母也有着不可推卸的责任。预防未成年人犯罪，就要从小事开始，这是未成年人自己需要注意的方面，同样也是父母和老师甚至全社会共同的责任。下面我们来看一看《预防未成年人犯罪法》的相关内容。

第二条：预防未成年人犯罪，立足于教育和保护，从小抓起，对未成年人的不良行为及时进行预防和矫治。

第三条：预防未成年人犯罪，在各级人民政府组织领导下，实行综合治理。

政府有关部门、司法机关、人民团体、有关社会团体、学校、家庭、城市居民委员会、农村村民委员会等各方面共同参与，各负其责，做好预防未成年人犯罪工作，为未成年人身心健康发展创造良好的社会环境。

第十八条：未成年人的父母或者其他监护人和学校发现有人教唆、胁迫、引诱未成年人违法犯罪的，应当向公安机关报告。公安机关接到报告后，应当及时依法查处，对未成年人人身安全受到威胁的，应当及时采取有效措施，保护其人身安全。

第二十三条　学校对有不良行为的未成年人应当加强教育、管理，不得歧视。

第二十四条　教育行政部门、学校应当举办各种形式的讲座、座谈、培训等活动，针对未成年人不同时期的生理、心理特点，介绍良好有效的教育方法，指导教师、未成年人的父母和其他监护人有效地防止、矫治未成年人的不良行为。

第二十五条　对于教唆、胁迫、引诱未成年人实施不良行为或者品行不良，影响恶劣，不适宜在学校工作的教职员工，教育行政部门、学校应当予以解聘或者辞退；构成犯罪的，依法追究刑事责任。

案例中的失足少年，从小学时期就开始小偷小摸，而其母亲采用的“棍棒教育”非但没有改善这种行为，反而使之加剧，并且从例子中也可以看出，父母对孩子并不上心，所以孩子犯罪父母也有一定的责任。但是，同学们你们要明白，没有任何人能够决定你们的未来、你们的人生，父母、老师、学校能做到的也只是给你们正确的引导，真正起决定性作用的还是你们自己。其实现实生活中，有很多和案例中的少年一样的孩子，而他们中的有些人即使家长进行了合理教育，老师也加以关心引导，却还是不知悔改，最终误人误己，所以每个人的人生都要自己把握，关键在于自己。

知心信箱

所谓“小时偷针，大时偷金”，很多小毛病不重视改正，随着时间的推移就会变得越来越严重，最终产生恶劣行径。可以说所有惊天动地的大事发生都是“蓄谋已久”，而非意外偶然，犯罪行为也是如此。开始的小偷小摸到最后可能变成惯偷、抢劫，习惯了用暴力解决问题就有可能变成故意伤人、杀人，爱看色情内容也许就是强奸猥亵的前兆……

因做错事被家长和老师惩罚时，不要怀恨在心，更不能自暴自弃而变本加厉，而是要先反思自己的行为，找到自己做得不对的地方。父母和老师批评你也是为了让你变得越来越好，当然他们的方式不正确或者没有考虑到你的感受时，你也可以直接提出来，好好沟通。

同学们，一定要牢记，不要把自己的某些行为当作理所当然，觉得自己怎么做是自己的事情，别人管不着。也不要认为那都是小事，构不成什么危害，任何大的坏事都是由小的坏行为、坏习惯一点点发展而来的。

日常生活中，一定要注意自己的言行举止，“勿以恶小而为之”，多了解法律法规的内容，树立强烈的法制观念，从小养成规范做事的好习惯。

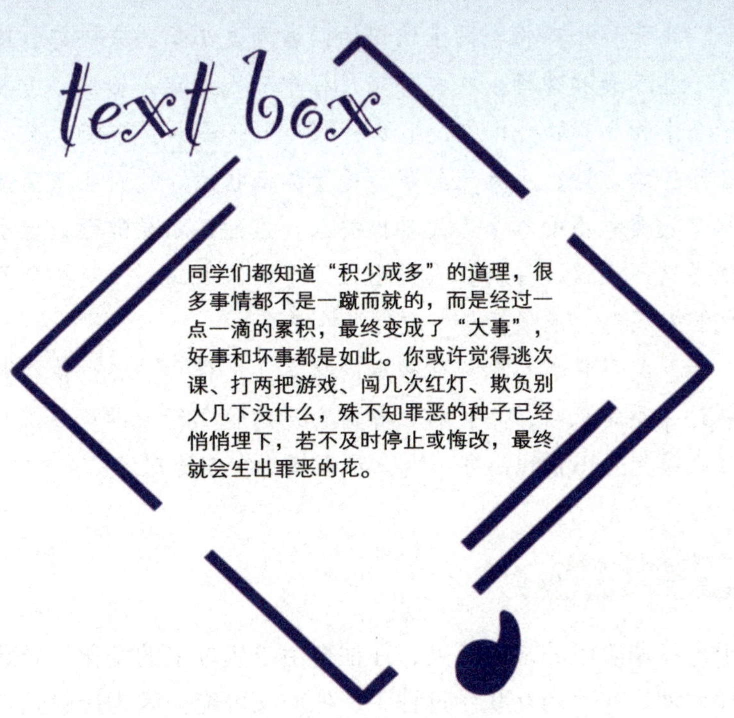

同学们都知道“积少成多”的道理，很多事情都不是一蹴而就的，而是经过一点一滴的累积，最终变成了“大事”，好事和坏事都是如此。你或许觉得逃次课、打两把游戏、闯几次红灯、欺负别人几下没什么，殊不知罪恶的种子已经悄悄埋下，若不及时停止或悔改，最终就会生出罪恶的花。

面对青春期的性冲动，不要越过犯罪的红线

情景再现

小张和小齐就读于某城区的一所普通高中，在周末和节假日期间，二人常常相约去网吧打游戏。在玩游戏的过程中，他们也接触了不少淫秽色情的网络信息，这让正处于青春期的二人内心躁动不已。

一日，小张让小齐将在网上认识的同城网友小琴约来一起打牌，小张则准备了一些零食和啤酒。在打扑克过程中三人约定，输的一方要罚酒一杯。由于小张和小齐联合作弊，小琴一个人几乎喝掉了所有啤酒。

打了几轮牌之后，小琴已经明显处于醉酒状态。这时小张又提议接下来输的那个人要和赢的那个人发生性关系。虽然已明显醉酒，但小琴还是明确拒绝了这一提议，并向二人提出自己要回家的想法。见小琴要离开，小张有些恼羞成怒，他强行与之发生了性关系。

第二天，父母带着小琴前往警察局报案，小张和小齐很快在各自家中被捕。经过一番审讯后，小张和小齐对自己的犯罪行为供认不讳，最后，法院以强奸罪判处小张和小齐一到三年不等的有期徒刑。

小检察官说法

处于青春期阶段的未成年人，往往会由于生理上的变化，导致自己内心产生性冲动。在使用互联网过程中，他们又可能会因为接触到一些有害身心健康的不良信息，加剧自己内心的性冲动。

同时，由于家庭和学校对性教育的认识还不到位，未成年人常常很难冷静地面对自己的性冲动，这也是近年来猥亵、强奸等性犯罪在未成年人群体中屡见不鲜的一个重要原因。

我国《刑法》对未成年人性犯罪有着明确认定，已满十四周岁不满

十六周岁的未成年人，犯故意杀人、故意伤害致人重伤或者死亡、强奸、抢劫、贩卖毒品、放火、爆炸、投放危险物质罪的，应当负刑事责任。

在上述案例中，小张和小齐虽然未满十八岁，但却因强奸他人而承担了刑事责任，受到了刑事处罚。

与小张和小齐一样，近年来因性犯罪获刑的多为在校学生，他们常常会选择身边的熟人下手，而又多采取共同犯罪的形式。

从一些典型的未成年人性犯罪案例来看，涉案的未成年人多因青春期的性萌动没有得到有效引导，而出现不同程度的性道德扭曲现象，正是这种性道德的扭曲让他们走上了一条错误的道路。

为此，有关部门在进一步加大对网络淫秽色情信息打击力度的同时，需要学校和未成年人家庭一起，加强对未成年人的性教育。只有不断改进性教育方式，普及健康的性观念，才能帮助孩子们树立健康的性道德，从而减少未成年人性犯罪的发生。

知心信箱

步入青春期，每个人在生理和心理上都会发生一些奇妙的变化，我们在关注自身变化的同时，也会对异性产生各种好奇，这种现象是很正常的。

在这一时期，男女同学之间可能会互生好感，对于处于青春期的同学们来说，这种感觉似乎很难克制。过度压抑这种情感，会让我们内心焦虑不安，过于放纵这种情感，却又会引来麻烦。

上述案例中的小张和小齐就是因为过于放纵自己内心的性冲动，而走上了犯罪的道路，这一犯罪行为的烙印将会伴随他们一生，也会影响他们一生。

一些同学选择顺应青春期内心的悸动，与心仪的异性谈恋爱，这种“早恋”行为看上去要比性犯罪可取得多。但从未成年人身心发育角度来讲，在这个年龄阶段的恋爱行为，更多是出于内心的性冲动，而并不包括家庭、婚姻和责任等因素。

law

很多处于青春期的同学会因为身体的一些变化而产生前所未有的感觉、情绪、困惑或者需求。当性意识萌发，产生性冲动时，一些人会因为觉得害羞、丢人而选择压抑，也有一些人会放任自己接受不正确的性刺激，进而采用不正当的方式进行释放，这两种行为都是不正确的。对于青春期的变化，同学们无须感到丢人，应当积极通过正规渠道获取相关的科学知识，获取积极的引导，解决自己的困惑。

一些同学将“谈恋爱”与“发生性行为”挂钩，更是一种错误的观念导向。老师和家长之所以反对“早恋”行为，主要是因为处于青春期的我们没办法将所有必要因素囊括进恋爱这一行为之中，而只是单纯地将“谈恋爱”作为自己排解性冲动的一种方式。

在这一问题上，同学们不妨多与家长和老师沟通，虽然有些时候沟通的过程并不那么顺畅，但他们身上成功或失败的经验，将会帮助我们更好地应对青春期的性冲动。

第四章

当罪恶的魔爪在身边，我该怎么办？

面对坏人威胁，要果断向警察求助

情景再现

小东今年刚刚升入初中，结识了一些新朋友，同时也惹上了一些新麻烦。在小东上学的学校旁边，有一所职业技术学校，那里有几个学生经常来小东所在的学校闹事，很多同学都被勒索过财物，小东也不例外。

一天下午，小东趁家里没人，偷偷拿了一百元钱跑了出去。他拿着钱来到一家商店门口，等在这里的正是那几个经常闹事的学生。其中一个染着黄头发的学生从小东手里抢过钱后，扬起胳膊向小东挥去，吓得小东赶忙躲闪。众人看到小东的囧相，纷纷笑作一团。

拿到钱后，黄头发的学生对小东说道："下次让你干什么你就干什么，别跟我们讨价还价。"说完他又挥起手想要打小东，小东只得小声答应对方的要求。

过了几天，小东被几个学生带到一处民房前，在黄头发学生的威胁下，小东翻墙进入院子，从里面打开了院门。随后，黄头发学生又让小东在院外放风，其他人则进入民居行窃。

对于黄头发学生的威胁，小东拒绝过好几次，但每一次拒绝都会换来一顿毒打。小东不敢将这种情况告诉父母，他害怕遭到这伙人的报复。

就这样，小东跟着这群学生做了很多错事，偷自己家的钱，也偷别人家的钱，有时候还会到商店和学校中行窃。

一次放学后，这群学生翻墙进入了小东的学校，小东则在学校机房前等他们。几个人用小东偷到的机房钥匙悄悄潜入机房，正当他们在屋内拆卸电脑之时，门外巡查的保安突然来到，几个学生吓得慌忙逃窜，小东则愣愣地站在原地不知所措。

最终，其他学生都跑了出去，小东则被保安抓个正着。小东的父母被叫到学校后，才知道自己儿子竟然参与了盗窃。当父母询问小东原因时，小东却支支吾吾地不肯说。最后还是警察出面询问，小东才说出了自己被胁迫的事情。

根据小东的供说，警察顺利抓到了其他参与盗窃的学生。小东发现这些原本嚣张跋扈的学生，到了警察局后，竟然个个都像泄了气的皮球一样。

小检察官说法

近年来，未成年人被胁迫从事违法犯罪活动的案例时有发生。在大多数同类型案件中，被胁迫的未成年人在心理表现上，与上述案例中的小东颇为一致。

未成年人因为法律意识淡薄，缺少足够的自我维权意识，他们并不知道威胁自己的人，其实已经触犯了相关的法律条例，这是未成年人被胁迫犯罪案件频发的一个主要原因。

威胁、恐吓的方式之所以对未成年人颇为有效，其中很大原因还在于未成年人处于一种特定的生长环境之中，他们大多没有接触过社会，所以对这种类型的犯罪行为常常缺少应对之法。

被威胁之后不敢拒绝，主要原因就在于未成年人害怕被打、被报复。未成年人的身心发展尚未成熟，对于来自外界的威胁、恐吓往往会逆来顺受，这也体现出家庭和学校在这方面对未成年人的关注多有不足。

在遇到这种情况时，未成年人应该及时向家长和老师求助，必要时还可以直接向警察寻求帮助。

知心信箱

在日常生活中，我们可能还会遇到其他形式的威胁和恐吓，比如写恐吓信威胁、以私密照片威胁，或者是公开侮辱或捏造事实来诽谤我们，这些行为都是触犯了法律的。

如果我们接受了这种威胁，那对方就会变本加厉，会让我们去偷盗、去抢劫，甚至去杀人，逆来顺受只会让我们在他们的魔掌中越陷越深。

那些威胁我们的人看上去威风凛凛，给人一种天不怕、地不怕的姿态，但实际上，他们都是纸糊的老虎。如果他们以我们的生命安全做威胁，为了保护自己，我们可以先选择妥协，待安全得到保障之后，马上向警方寻求帮助，这样他们便会受到应有的惩罚。

受到威胁时，产生害怕情绪是正常的，很多人都会这样，这并不是懦弱的表现。真正的勇敢是用智慧摆脱恶势力的威胁，在保护好自己生命安全的同时，让威胁他人的人得到法律的惩罚。

因此，在受到威胁时，我们应该在保证自己安全的同时，向家长、老师或警察寻求帮助，这样我们才能顺利摆脱威胁。

未成年

在犯罪的未成年人中，也存在这样一些人：他们遵守学校纪律，没有不良嗜好，和同学老师都能和睦相处。这样的人是怎样走上犯罪道路的呢？答案是受到他人的胁迫。面对坏人的威胁，他们因害怕、不知所措而屈服，成为犯罪的爪牙，虽然这不是出于他们的本意，但是犯罪的事实无法更改。

面对冷暴力，要保持良好的心态

情景再现

在小强很小的时候，妈妈便因为车祸去世，爸爸为了能给小强一个完整的家，便为他找了个继母。由于小强父亲常年在外出差，小强就一直与继母和继母带来的孩子一起生活。最初两年过得还算相安无事，但自打小强上小学后，他与继母的关系便恶化了。

每一次小强做错事，继母便连打带骂，甚至还咒骂小强死去的妈妈。原本就性格内向的小强，变得更加沉默寡言。在他心中，自己在这个家中是多余的，没有人需要他，也没有人喜欢他。

久而久之，小强的内心也逐渐发生了变化，他对继母的态度也从最初的畏惧，转变成了愤怒，尤其当继母咒骂自己的亲生母亲时，小强恨不得冲上去揍她两拳。

上初中后，小强开始在学校寄宿，在这里他结识了一些社会上的朋友，这些人大多小学毕业后就不读书了，专门做一些偷鸡摸狗的勾当。

最初，小强根本看不上这些不学无术的家伙，但在逐渐交往中，他发现这些人与自己一样，都有着类似的生活经历。这一点让他们开始有了共同话题，在这个小团体中，小强似乎也找到了归宿。

为了更好地融入这个小团体，小强也开始跟着他们翻墙爬窗，有时候去工厂顺些零件，有时候去商店拿点零食。当小强将自己与继母的矛盾告知这些“朋友”后，几个人一致决定要帮小强出这口恶气。

一天晚上，小强的继母带着孩子走在回家的路上，突然迎面冲出几个蒙着面的少年。他们先是将两人踹倒在地，而后又抢走了小强继母的手提包和手机。

事后，小强继母及其孩子拨打了110和120，经医院鉴定二人为软组织挫伤，警方也对这起抢劫案立案侦查。

得知事情闹大后，小强和几个同伙越想越害怕，整晚整晚睡不着觉。为了减轻刑罚，小强等人主动前往派出所投案。经法院审理，小强等人虽未满十八周岁，且有积极悔罪表现，但抢劫罪特征明显。最终，小强等人被判处一到二年有期徒刑不等。

小检察官说法

生长在单亲家庭或继父母家庭中的未成年人，往往会渴望更多的父母的关爱。相比于其他未成年人，他们的内心更加脆弱。如果无法从继父母那里获得足够关爱，他们的性格养成和心理发展都会受到影响，严重的还会出现性格扭曲的现象。

在上述案例中，小强之所以会加入社会小团体，之所以会参与到偷窃、抢劫行动中，很大程度上是因为家庭教育缺失。由于父亲常年出差，继母与自己又多有矛盾，小强在家庭中找不到自己的位置，认为自己在这个家庭中是多余的。正是这些心理因素的堆积，让小强一步步走上了违法犯罪的道路。

在面对这种情况时，未成年人应该多尝试与家长、老师或其他长辈进行沟通，不要把自己困在阴郁情绪中。家长尤其是单亲家庭的家长也应该更多地关注孩子的身心健康，不要做管饭给钱的“甩手掌柜”。学校方面也应该更多地关注这类学生，及时给存在心理问题的学生进行心理疏导。

知心信箱

家庭是我们健康成长的沃土。在日常生活中，我们与家庭成员间难免会出现一些摩擦或矛盾。在面对这些矛盾摩擦时，压抑情绪和胡乱发泄都不是正确做法，这种时候，我们应该多与家人沟通，寻求最优的解决方案。

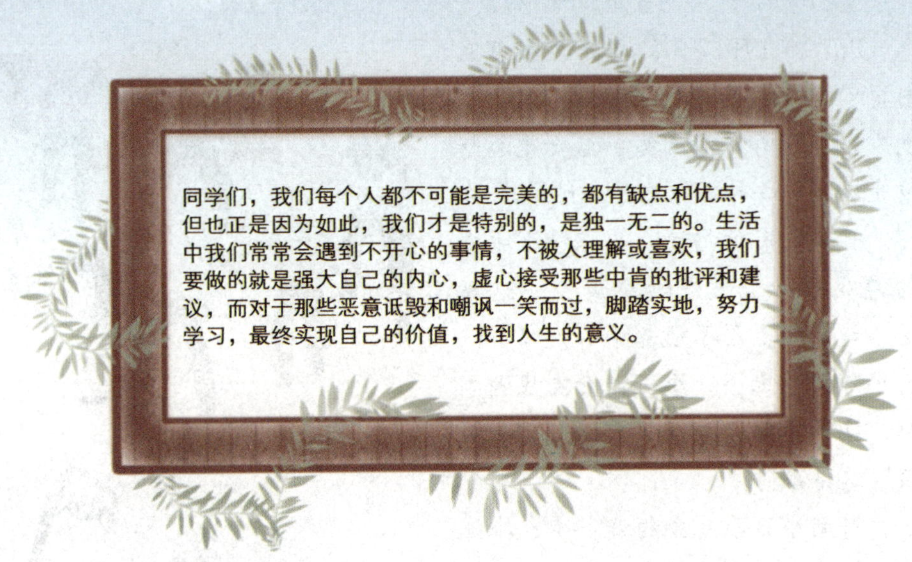
同学们，我们每个人都不可能是完美的，都有缺点和优点，但也正是因为如此，我们才是特别的，是独一无二的。生活中我们常常会遇到不开心的事情，不被人理解或喜欢，我们要做的就是强大自己的内心，虚心接受那些中肯的批评和建议，而对于那些恶意诋毁和嘲讽一笑而过，脚踏实地，努力学习，最终实现自己的价值，找到人生的意义。

生长在单亲家庭中的我们，需要比同龄人更具有责任感，这种责任感的最好体现就是对自己负责。如果与家人沟通解决不了问题，我们还可以寻求老师或有关部门的帮助，这才是对自己负责的正确做法。

不要因为没有人喜欢、没有人认可而自怨自艾，在这个世界上，没有哪个人会成为被孤立的个体。我们要把目光放在未来，培养自己健康的身心状态，不要因为一时的阴郁情绪，而让自己走上违法犯罪的道路。否则再美好的未来，也会离我们远去。

面对"朋友"怂恿犯罪，不要被"义气"冲昏头脑

情景再现

2019年1月17日，小陈在小石家打电动游戏，言谈之间获知小石的女朋友前一天与同校的另一名女生小赵发生口角，并被对方打了一巴掌。

听完小石的描述，小陈放下手中的游戏手柄，气愤地说道："这事你不能忍啊！忍了还算个男人吗？"在小陈的怂恿下，小石让女友找到小赵，让她找好人手，双方好好"谈一谈"这件事情。

看到小石跟对方约好了架，小陈当晚就准备了一把砍刀，放在自己的床头。第二天，小陈又以兄弟义气说服了小东、小兵和小王三人一起"参战"。五人一同来到了约架地点，没想到，对方竟然来了八个人。

小陈虽然心里有些畏惧，但还是第一个冲了上去，他拿着砍刀左冲右突，砍伤了三四个对面的人。经过一番鏖战，正当小陈向最后一个人冲去时，不远处响起了警笛的声音。

小陈因持刀伤人被警方逮捕，其他约架的人也被一并带走。最终，法院以聚众斗殴罪判处小陈三年有期徒刑。

小检察官说法

在未成年人的多种犯罪行为中，扰乱社会秩序犯罪是最主要的犯罪类型，其主要包括聚众斗殴罪和寻衅滋事罪两种。上述案例中的小陈正是因为聚众斗殴罪，才被判处了三年有期徒刑。

我国《刑法》规定，对参与聚众斗殴的首要分子和积极分子，处以三年以下有期徒刑、拘役或管制，情节严重的处以三年以上十年以下有期徒刑。在上述案例中，小陈作为聚众斗殴的主要参与者，被判处了三年有期徒刑。如果小陈在斗殴过程中将其他人砍成重伤，或者致人死亡，那他所受到的刑罚还会更加严厉。

未成年人聚众斗殴现象的发生，多与其自身所处的生理年龄阶段有关。由于内心的躁动和不成熟，未成年人往往“年轻气盛，意气用事”，他们信奉“哥们儿义气”，却不知自己所信奉的这种“义气”是病态且错误的。

以这种“病态义气”去行事，不仅帮助不了自己的哥们儿，很多时候还会牵连朋友一同锒铛入狱。

另一方面，未成年人由于缺乏对法律常识的必要认知，在处理问题时往往不考虑后果，任意妄为。这种情况使得他们很容易触犯法律底线，最终造成不可挽回的后果。

针对这一问题，学校方面应该与未成年人家庭通力合作，向未成年人传播正确的交友、办事方法，传播基础的法律法规常识。在学校和家庭之外，有关部门还需要对未成年人生活的特定区域周边进行严查，防止恶性违法事件对未成年人造成错误导向。

知心信箱

当那些与我们从小玩到大的伙伴受到欺负时，我们有责任有义务出手帮助他们。但这里所说的“出手”并不是指出手打人，而是使用一些柔和正确的方法。

我们对别人讲义气，是为了让他们过得更好，而不是将他们推向犯罪的深渊。像上述案例中，如果没有小陈的“义气相助”，小石等人也不会触犯法律，所以说这种“病态的义气”是不可取的。

现在很多未成年人，受到影视剧或游戏的影响，将“兄弟义气”奉为人际交往的金科玉律，认为只要好朋友好兄弟有事情找自己帮忙就得答应，否则就是不讲义气，殊不知这样的结果可能害人害己。同学们，当我们的朋友、同学遇到困难时，我们应当伸出援手，但是要看是什么样的困难，如果是打架斗殴、偷东西等，我们要极力避免。

law

当遇到上述案例中的情况时，我们应该“仗义相助”，但相助的方式不能是聚众斗殴，更不能持刀伤人。我们可以选择寻求老师、家长或警察的帮助，这样做虽然可能会缺少些“江湖侠气”的色彩，但却能更好地解决问题。

影视作品中无论黑道白道，都讲究为兄弟“两肋插刀”，很多时候，我们都被其中精彩的打斗画面所吸引，而忽视了由此而来的种种后果。影视作品只是虚构的，不能生搬硬套地挪用到现实中来。当我们的朋友受到伤害时，我们应该拿起“法律的武器”，而不是“暴力的武器”，在现实生活中，真正能够解决问题的是法律法规。

讲义气更要讲方法，病态的“兄弟义气”不仅帮不到别人，还会坑害了自己。

面对“友情”胁迫，要学会表达拒绝

情景再现

小丁、小王和小鹏从小在一个小区长大，关系十分要好。小李是在上了小学后，才搬到这个小区中，所以跟几个人的关系稍显生疏。为了融入小团体，小李想了很多办法，但另外三个人就是不接纳小李。

一天傍晚，正在小区闲逛的小李看到小丁三人从一处单元楼里抱着一袋东西跑了出来，当三人跑到小李身边时，袋子里掉出了一块电动车锂电池。正当小李想要跟三人打招呼时，小王立刻捡起电池，恶狠狠地瞪了小李一眼后，转身跑去。

第二天上学路上，小李一个人悠闲地走着，却突然被人从背后拍了一下。小李转身一看，竟然是昨天遇到的小丁三人。这一次他们没有恶狠狠地看着小李，而是满脸带着笑意，还主动拿零食要给小李吃。

三人的“异常举动”让小李一头雾水，更让小李惊讶的是，小丁竟然邀请小李到自己家一起打电动。小李都没想到，自己竟然这样和三人成为朋友。

又过了几天，小丁找到小李，让小李在单元楼门口把风，他和小王、小鹏要干点“正事”。小李想要问个究竟，却被小丁一句“帮朋友办点事就这么难”怼了回来。思考片刻后，小李答应了小丁的建议。

这天夜里，小李一个人守在单元楼前，小丁、小王和小鹏则偷偷潜入单元楼中。大约过了半个小时，三人抱着一台笔记本电脑跑了出来。这时小李才明白，原来他们是在盗窃。

回到家中后，小李怎么也睡不着觉，他打算第二天和小丁等人摊牌，他不想做违法的事情。

第二天一早，小丁给几个人安排了新任务，小李依然负责放风。小李本想拒绝小丁的提议，但又怕小丁说自己不够朋友，最终没有把拒绝的话说出口。

这一次，他们打算偷些值钱的东西，但却被突然回家的屋主人抓个正着。警笛的声音惊动了整个小区，小李和小丁、小王、小鹏一同被带上了警车。

小检察官说法

在我国，盗窃虽然没有被列入到《刑法》规定的未成年人应负刑事责任的特定犯罪之中，但却是当前未成年人犯罪的主要犯罪类型。在上述案例中，小李、小丁、小王和小鹏因为盗窃他人财物被警察带走，就是犯了盗窃罪。

在我国《刑法》中，盗窃罪是指以非法占有为目的，窃取公私财物，数额较大的，或者多次盗窃的行为。根据盗窃公私财物数额的大小，又会有相应的量刑标准，最高可获判无期徒刑。

值得注意的是，在上述案例中，小丁、小王和小鹏属于多次盗窃，小李则是被拉拢入伙。从小李的经历来看，其也是被不正当的“朋友义气”所牵累，才加入了盗窃团伙之中。

小李在主观上有与小丁等人交朋友的意愿，而并没有盗窃意图。但在发现小丁等人从事盗窃行为后，小李却被小丁以“帮朋友忙”为由说服，为小丁等人的盗窃行为助力，这是一种十分错误的行为。

在发现小丁等人的违法犯罪行为后，小李应该主动劝说他们，而不是纵容他们并加入盗窃团伙。这种做法不仅不是在帮他们，反而是在害他们，让他们在犯罪的泥潭中越陷越深，最终自己也成为触犯法律的人。

知心信箱

在日常生活中，我们每个人都需要朋友，在需要帮助时我们可以寻求朋友的帮助，在遇到困难时，我们也可以与朋友一同渡过难关。但在交朋友之前，我们应该学会选择朋友。

在上面的案例中，小李想要和小丁等人成为好朋友，这种意愿并没有错。但当他得知小丁等人经常从事盗窃等违法行为时，应该及时制止。而当无法制止小丁等人的行为时，他就应当迅速切断与小丁等人的联系，而不应该与他们一起从事违法犯罪行为。

其实更恰当的做法应该是小李主动向家长和老师告知自己所知道的事情，这样做并不是背叛他的朋友小丁，而是在挽救他们，不让他们因触犯法律而受到更严重的处罚。

当朋友向我们寻求帮助时，我们也应该仔细分辨这种“帮助”是否正确。帮助朋友辅导功课是“正确的帮助”，帮助朋友打架、盗窃、抢劫则是“错误的帮助”。我们要多给予朋友“正确的帮助”，而不能为他们提供“错误的帮助”。

面对诱惑，时刻保持警惕心

情景再现

小婷一家刚刚搬到大城市，父母为她找了一所教育水平颇高的私立初中。小婷不仅长相姣好，学习成绩也始终名列前茅。

来到新学校后，小婷结识了许多新朋友，他们来自不同的地方，家里的经济条件也都比较好。在这众多朋友中，小青是跟小婷关系最好的一个，两个人每天一起上学，一起放学。由于小婷的父母经常在外地出差，小婷也时常去小青家过夜。

一天，小青向小婷提议，晚上要带小婷去KTV耍一耍，小婷对唱歌并没什么兴趣，一口拒绝了小青的邀请。被拒绝的小青流露出沮丧的神情，她对小婷苦苦哀求道：“你就跟我一起去嘛，这个KTV可是个好地方，我们去那不唱歌，带你玩些好玩的东西。”

在小青的苦苦哀求下，小婷答应了小青的提议。这天晚上，两个人偷偷从家中溜出来，走了没多远，就过来了一辆高档汽车。小青不顾小婷诧异的神色，拉着她就坐上了汽车。

原来小青还叫来了几个异性“好朋友”，这让小婷有些反感，但坐都坐上来了，小婷也不好再下去。很快，几个人便到了目的地。下车后，小婷才发现，这并不是什么KTV，而是一幢私人别墅。

小婷发现，这里各种游乐设施一应俱全，客厅中间的桌子上，还摆着各类酒水饮料。小青进了客厅后就开始唱歌，小婷则和其他几个人玩起了扑克，由于总是输牌，小婷被强迫喝了很多饮料。

过了差不多半个小时，小婷忽然感觉脑袋晕乎乎的，正当要说些什么时，她却突然倒在了沙发上。

第二天早上，躺在床上的小婷感觉浑身无力，当她拿起手机时，竟然看到一个陌生人发来了许多自己不穿衣服的照片。

受到威胁的小婷不知道怎么办，每天以泪洗面。在对方的威胁下，小婷又去参加了几次聚会。可每去一次，就又会有一些新的照片传过来。

小检察官说法

在上述案例中，小婷因为听信朋友的话，而被陌生人用私密照片相威胁。由于害怕私密照片泄露，小婷只得一次次任由对方摆布，最终越陷越深，无法自拔。

在同类案件中，未成年人泥足深陷，最初都源于自己的好奇心。当朋友邀请自己一起玩时，一方面受害者对这个地方充满好奇，另一方面也是觉得拒绝朋友的“好意”会伤害彼此之间的感情，在这两种思想的左右下，未成年人往往会答应朋友的邀请。

但很多时候，未成年人对周围环境的认知能力有限，使得他们无法区分朋友的邀请是否出于善意，同时他们也没办法确认自己去的地方是否真正安全。在这种情况下，未成年人的合法权益受到侵害的可能性就会

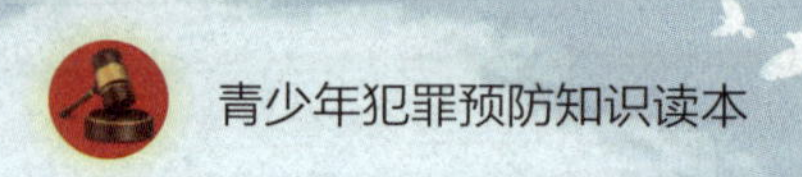

增加。

而当自己的合法权益受到侵害后，未成年人又会迫于对方的威胁，而选择默默忍受。但对方怎么会就这样放过“到手的肥肉”呢？最终未成年人只能一次次忍受对方的威胁，承受对方的不法侵害。

在一些案例中，未成年受害者遭到裸照威胁后，常常会被要求从事非法的卖淫活动。在这一过程中，一些受害者内心会发生不同程度的扭曲，从被迫卖淫转向主动卖淫，从受害者转化成了违法犯罪分子的共犯。这种变化正是因为未成年受害者在走错第一步时，没有得到及时纠正，使得自己越陷越深，最后想摆脱也摆脱不了。

知心信箱

朋友之间交往，要注意分寸，更要学会拒绝。我们要多动脑去判断，

如果朋友邀请我们去一个陌生的地方，首先应该想到这里是否会有危险，即使没有危险，也应该将自己的行程安排告知父母，这样才是保障自身安全的做法。

面对校园暴力，以暴制暴是错误的选择

情景再现

小袁就读于县城的一所重点小学，学习成绩不优异的他，最近又有了新的烦恼。原来，最近几天，每次放学回家，他都会被别班的学生勒索“保护费”。

小袁是个性格内向的孩子，平时在家跟父母沟通也不多，对于自己被欺负这件事，他也从没有跟家里人说过。在他看来，这些“坏学生”也不能总是欺负自己，忍一忍就过去了。但让他没想到的是，他眼中的那几个“坏学生”还真是专门盯上了他，一次次从小袁这里勒索钱物。

一天，表哥大胖要去小袁家吃饭，专门在校门口等待小袁放学。大胖虽然只比小袁大一岁，但身高却比小袁高出一大截，两人一同走在路上，就好像是大人带着小孩一样。

二人走着走着来到一个胡同拐角处，突然蹿出三四个小学生，拦住小袁就要收“保护费”。小袁定睛一看，又是那几个“坏学生”。左右为难的小袁正打算掏钱，却被大胖一把拦住。只见大胖从书包中掏出一根棍

子，一个箭步冲了上去，三下五除二就将几个小学生打倒在地。

看到有一个小学生头上出了血，小袁赶紧拉住大胖，但大胖并没有停下手上的动作不依不饶，嘴上也连连骂道："就是你们几个小兔崽子欺负我弟弟是吗？今天我就让你们长长记性，你爸妈不管你们，老子来管！"

几个小学生被大胖打得头破血流，叫苦不迭，纷纷四散逃去。大胖正想追上去继续打，却被小袁一把拉住，大胖只得停下脚步。稍作整理后，两人一同回到家中。

小袁与大胖正在家中吃晚饭，门外却响起了警笛的声音，不一会儿，小袁家门外响起了敲门声。大胖因为持械伤人被警察带走，小袁也一同被带走询问。

小检察官说法

在校园暴力的典型案例中，经常会出现"以暴制暴"的现象，有时是遭受校园暴力的一方奋起反抗将对方打成重伤，有的则是遭受校园暴力的一方伙同他人展开暴力报复。在这种情况下，遭受校园暴力的一方很可能会从受害者变为加害者，同时让自己承担刑事处罚。

"以暴制暴"应对校园暴力会让自己承担法律责任，难道我们在遭遇校园暴力时就应该默默忍受吗？

当然不是！在上述案例中，小袁作为校园暴力的受害者，对待校园暴力始终采取默默忍受的态度。在他看来，施暴者会因为自己态度良好而放过自己，但实际上，他的这种态度正是施暴者想要的。正因为小袁的一次次忍让，才让施暴者们一次又一次地向他勒索钱财。

大胖显然不会像小袁一样默默忍受校园暴力，他选择依靠自己手中的棍棒打击校园暴力。但从结果来看，大胖的行为并没有打击到校园暴力，反而将自己送到了警察局。

我国《刑法》规定，随意殴打他人，情节恶劣的，属于寻衅滋事罪的行为表现。大胖的"以暴制暴"触犯的正是这项规定。同时，追逐、拦截、辱骂、恐吓他人，情节恶劣，同样是寻衅滋事罪的表现，对小袁施加校园暴力的几名同学，也触犯了这一法律。

小袁如果能够及时报警，这些校园暴力的施暴者就会受到应有的处罚。如果不报警，而是选择及时向家长或老师反映自己的遭遇，那也能有效避免后续“以暴制暴”情况的出现。

知心信箱

校园暴力多发生在中小学阶段，目前已经成为一个相当严重的社会问题，我们不时能在新闻媒体中看到相关报道。校园本应该是我们健康成长的乐园，但却因为校园暴力而失去色彩。当我们遭遇校园暴力时，“以暴制暴”并不能完全解决问题，这种时候，我们应该主动寻求老师和家长的帮助，他们是我们在校园中的保护伞。

当遇到校园暴力时，我们应该清楚，施暴者才是犯错误的人，应该受到惩罚的是他们，而我们则不可以再成为施暴者。以暴力方式伤害他人，是触犯法律的行为，我们不能采取和他们一样的方式去应对校园暴力。

在学校被其他同学欺负侮辱时应该怎么做呢？一味地逆来顺受、忍气吞声或者不顾一切的反抗、以暴制暴都不是正确的解决方法。同学们，在学校我们要和同学和睦相处，不欺负、不嘲笑他人，而当自己遭遇校园暴力时，也不要害怕，在保证自己安全的前提上，与施暴者灵活周旋，必要时可通过法律手段解决问题。

同时，我们也不能做“沉默的羔羊”，不能继续纵容他们侵害我们的利益。在我们的背后有家人，有老师，还有警察，总有人能给予我们帮助。我们应该向他们敞开心扉，向他们寻求帮助。只有这样做，我们才能真正摆脱校园暴力，保护自己的合法权益。